KB234310

통장의 고백

통장의 고백

당신만 모르는 금융회사의 은밀한 진실

● 심영철 지음 ●

더난출판

통장의 고백

© 2010, 심영철

초판 1쇄 발행 2010년 3월 2일
초판 5쇄 발행 2010년 3월 16일

지은이 심영철 | **펴낸이** 신경렬 | **펴낸곳** 더난출판

본부장 강용구

기획편집부 민신태 · 김명효 · 이윤희 · 박귀영 · 윤현주 | **디자인** 서은영

마케팅 김대두 · 견진수 · 홍영기 · 서영호 | **교육기획** 함승현 · 김종식 · 김승길 · 이경희

관리 김태희 · 양은지 | **제작** 유수경 | **물류** 이승선 · 오수진

책임편집 윤현주 | **교정교열** 박정수

출판등록 1990년 6월 21일 제1-1074호 | **주소** 121-840 서울시 마포구 서교동 395-137

전화 (02)325-2525 | **팩스** (02)325-9007

이메일 book@thenanbiz.com | **홈페이지** http://www.thenanbiz.com

ISBN 978-89-8405-504-9 03320

누가 내 돈을 가져갔나?
_ 내 돈 맡기기 전에 알아야 할 금융회사의 비밀

나는 모 일간지에서 2005년까지 '심영철의 맞장 컨설팅'이란 재테크 칼럼을 맡아 진행한 적이 있다. 이 칼럼의 형식은 의뢰자가 자신의 자산 현황을 공개하고 궁금한 사항들을 질문하면, 은행의 재테크 팀장들과 내가 상반되는 내용으로 컨설팅을 해주는 식이었다.

이 컨설팅을 이끌어가기 위한 나의 맞장 상대는 쟁쟁한 은행의 재테크 팀장 네 분이었다. 당시 상대 팀장들과 반대 논리를 펴느라 어려움이 많기는 했지만, 다행히 자연스럽게도 정반대의 의견이 나오곤 했다.

그때의 상담 경험에서 얻은 결론은 '재테크에 성공하려면 은행을 떠나야 한다'는 것이었다. 이후 나는 그 내용들을 보다 많은 일반 대중들과 소통하고 알려야겠다는 생각에 책으로 출간하게 되었는데, 그것이 바로 《부자가 되려면 은행을 떠나라》였다. 당시 이 책은 출간과 함께 상당한 반향을 불러일으켰고 베스트셀러에 오르기도 했다.

위 책이 출간된 지 어느덧 5년이라는 시간이 흐르는 동안 금융시장에는 실로 많은 변화가 일어났다. 증시도 급등했고, 무엇보다 펀드 시장이 확대되었다. 또 부동산 가격도 많이 올랐다. 그리고 금융 시장의 업종 간 벽을 허무는 자본시장통합법(2009년)도 생겨났다.

이런 상황 속에서 금융 소비자들은 너무나 많은 금융회사와 금융상품 등으로 혼란을 겪고 있다. 심지어 좋지 않은 금융상품이 좋은 상품으로 둔갑되어 팔리기도 하고, 문제가 있어 보이고 자질이 의심되는 금융회사 직원이 유능하고 훌륭한 컨설턴트로 포장되기도 했다.

이와 관련해서 나는 얼마 전 재미있는 전화를 받게 되었다. 그는 지방의 전문직 종사자인데, 지난 수년간 은행의 PBPrivate Banking 고객이었다고 한다. 그는 은행의 내로라하는 PB들의 컨설팅을 받았지만, 단 한 번도 그들의 전망이나 분석이 제대로 맞아떨어진 적이 없었다고 한다. 결국 그는 자신이 직접 자산 관리를 하겠다는 결심을 하고, 그때부터 금융 관련 공부를 열심히 했다고 한다. 그 결과, 작년 말 IT 서비스 업체인 SK C&C와 외국인 전용 카지노 업체인 GKL 등의 공모에 참여해 상당한 차익을 거두었다고 한다. 또 최근에는 삼성생명 상장 발표가 나자마자 삼성생명 주식을 대거 사들여 50%가 넘는 평가차익을 올리고 있다고 했다.

위의 사례에서처럼 많은 금융 소비자들이 금융회사의 PB나 FP,

FC 등 소위 금융 전문가로부터 많은 금융 서비스를 받고 있지만, 이렇다 할 성과를 거두지 못하고 있는 실정이다. 심지어 이런 서비스를 통해 소비자들은 해당 금융회사가 벌이는 캠페인 금융상품에 가입하기도 하는 등 금융회사의 수익원으로 이용되고 있기도 하다.

이 같은 현실은 PB들이 컨설턴트이기 이전에, 금융회사에 소속되어 있는 입장이라 자사의 금융상품 판매자라는 한계를 벗어나기 어렵기 때문이다. 누구나 믿을 만하고 유능한 소위 '재정 집사F&WS, Faithful & Wise Steward'를 만나고 싶어한다. 하지만 실제로 그런 사람들은 드물고, 일반 개인이 알아보기란 더더욱 어렵다. 최소한 이들 컨설턴트가 객관적이고 중립적이어야 하는데, 그런 태도와 자질을 갖춘 컨설턴트를 찾기가 쉽지 않다.

또한 독자 여러분이 그런 F&WS를 만나고자 한다면, 본인이 어느 정도의 금융 지식을 갖추고 있어야만 한다. 귀찮아도, 내용이 어려워도 스스로 관심을 갖고 꾸준히 금융 지식과 투자 노하우를 쌓지 않으면 안 된다.

그러나 금융 지식을 쌓는 데 가장 큰 도움을 줄 수 있고 접하기 쉬운 매체가 아무래도 책인데, 금융과 관련해서 출간되어 있는 많은 책들조차 내용적으로 문제가 많은 것이 사실이다. 그 이유는 금융 및 재테크 관련 책들의 저자들 상당수가 역시 현직 금융회사 소속의 금융상품 판매자이기도 하고, 책을 출간하는 것 자체를 그들의 경력 쌓기 과정으로 여기기 때문이기도 하다.

이전에 몇몇 책들을 출간할 때도 마찬가지 심정이었지만 부족한 지식과 필력에도 불구하고 책 출간을 결심하게 되는 이유는, 일반 대중들이 은행이나 보험회사, 증권회사 등 금융회사를 무조건 믿어서는 안 된다는 점을 강조하고자 하는 마음에서다. 이들 금융회사의 이해관계와 상품 판매를 위한 선정적인 광고와 마케팅 전략에 속아 더 이상 손해를 보는 일이 결코 없어야 할 것이다.

실제로 우리는 정보가 돈이요, 아는 것이 힘인 시대에 살고 있다. 불안한 이 시대에 금융 지식은 분명 힘이 되어줄 수 있으며, 금융에 관심을 열어두고 지식을 쌓다보면 나름대로 재테크에 대한 자신만의 통찰력도 가질 수 있게 될 것이다.

나는 이 같은 마음으로 이 책《통장의 고백》을 출간하게 되었으며, 은행이나 보험회사 등의 금융회사에서 자유로운 내 입지가 이 책을 집필하는 데 어느 정도의 객관성과 중립성을 확보해 주었다고 생각한다.

마지막으로 이 책이 여러분의 주머니를 노리는 금융회사들의 속셈으로부터 벗어나는 데 도움이 되길 바라며, 무엇보다 이 책을 통해 독자 여러분의 자산 관리가 더욱 건전하고 알차게 설계될 수 있기를 진심으로 바란다.

심영철

차례

1장
은행 믿습니까
:: 재테크 최대의 '공공의 적' 은행

4장
펀드 믿습니까
:: 잘 고르면 '돈 되고' 못 고르면 '돈 새는' 펀드투자

5장
투자에 왕도가 있을까
:: 든든한 미래를 보장하는 7가지 '재무 설계' 법칙

FUND
BANK
10000
10000
10000
10000

은행 믿습니까

: 재테크 최대의 '공공의 적' 은행 :

통장의
고백

01

실속은 없고
말로만 주거래 고객

주거래 은행을 정하고, 은행과 꾸준하게 거래하여 실적을 쌓는 것이 재테크의 첫걸음이라는 이야기는 저테크 관련 책이나 여러 매체를 통해 익히 들어보았을 것이다. 또한 많은 투자 전문가들도 이른바 '재테크 10계명'을 논할 때 '주거래 은행부터 만들라'며 이를 강조하고 있기도 하다.

그런데 정말 그럴까? 은행에서 거래 실적을 쌓아 주거래 고객으로 선정되면 많은 혜택을 받을 수 있을까? 그리고 은행들은 과연 어떤 식으로 주거래 은행 제도를 운영하고 있을까?

주거래 고객 혜택
별 볼일 없다

은행들은 거래 고객이 자신의 은행에 얼마나 돈을 벌어다 주는지에 따라 수수료 면제 등 각종 혜택을 주는 '주거래 고객 등급제'를 운영하고 있다. 대개 1년에 네 차례 주거래 고객을 선정하거나 등급을 갱신하는데, 지난 3개월 동안의 거래 실적을 반영하여 이를 결정한다. 이에 따른 혜택은 선정일 또는 갱신일로부터 6개월 동안 지속된다. 등급을 선정할 때 점수에 반영되는 항목은 급여 이체, 각종 공과금 자동이체, 예금 및 적금, 대출, 카드 사용 실적, 환전 실적 등이다.

각 은행들은 돈이 되는 고객 순서대로 등급을 매기는데, 우리은행과 하나은행은 각각 5단계의 고객 등급제를 선정하고 있고, 국민은행과 신한은행은 각각 4단계로 등급을 나눠 운영하고 있다(17페이지 표의 '등급' 참조).

주거래 고객이 받는 가장 큰 혜택은 단연코 수수료 면제이다. 앞서 열거한 네 곳의 은행은 최상 등급 주거래 고객에게 타행 이체 수수료와 영업 시간 외 ATM(현금입출금기) 출금 수수료, 자기앞수표 발행 수수료 등 대부분의 수수료를 받지 않는다. 심지어 계열사까지도 상당한 혜택을 주고 있다.

이와 같은 주거래 은행 제도는 고객들에게 금전적인 혜택을 주는 것은 물론, 일종의 PB 서비스에 준하는 편의성도 제공해 준다.

	신한은행	국민은행	우리은행	하나은행
제도명	탑스클럽	KB스타클럽	우리보너스 멤버십 서비스	하나금융그룹 통합 고객우대 서비스
등급	클래식→베스트→에이스→프리미어	프리미엄스타→골드스타→로열스타→MVP스타	프리미엄→에머랄드→골드→다이아몬드→플래티넘	그린→패밀리→하나패밀리→VIP→하나VIP
선정시기	1·4·7·10월 15일	매달 10일	1·4·7·10월 20일	1·4·7·10월 15일
최상등급 선정기준	탑스 점수 2,000점 이상(요구불예금 기준 6,670만 원)	KB 평점 1만 점 이상에 총예금 평균 잔액 3,000만 원 이상(요구불예금 기준 1억 원)	부동산담보대출 제외한 자산 합산 3억 원 이상	하나 점수 1만 점 이상(요구불예금 기준 1억 원)
평가기준	입출식 예금 10만 원=3점, 가계 대출 100만 원=7점, 신한카드 10만 원=3점, 급여 이체 50점 등	요구불예금 10만 원=10점, 가계 대출 10만 원=3점, KB카드 10만 원=6점, 급여 이체 250점 등	여·수신 자산 기준	순수 통장 예금 10만 원=10점, 여신성 거래 100만 원=30점, 하나카드 10만 원=10점, 급여 이체 30점 등

* 우대금리와 우대 폭 등은 개별 상품에 따라 달라질 수 있음.
* 출처 : 각 은행

국내 4대 시중은행의 주거래 고객 우대 제도

그러나 실제로 은행에 충성을 다해온 고객에게 은행의 보은은 부족함이 많다. 아니, 고객을 외면하고 있다고 해도 과언이 아니다.

우선 주거래 고객으로 선정되는 것이 여간 어려운 일이 아니다. 또 은행들이 3개월이라는 매우 짧은 기간 은행에 기여한 수익을 평가하여 주거래 고객을 재선정하기 때문에 일편단심 변하지 않는 단골이어도 소액 거래자는 혜택을 받지 못할 수 있다. 10년 단골인 서민보다 단기간의 거액 대출자가 더 우대받는다는 것은 이치에 맞지 않는 불합리한 처사라고 생각된다.

어렵게 주거래 고객으로 선정된다 하더라도 실익은 별로 없다. 그럼에도 신한은행의 경우, 최고 등급인 '프리미어' 회원(2,000점 이상의 탑스 점수 필요)이 되기 위해서는 실로 상당한 거액을 맡겨야만 한다. 가령 입출식 예금의 경우, 3개월 동안 7,000만 원에 가까운 거액을 넣어 둬야 할 정도이다.

우리은행의 경우도 크게 다르지 않다. 예금, 대출, 펀드 등 거래 자산 총액을 기준으로 등급을 산정하는데, 최하위 등급인 '프리미엄' 기준만 해도 거래 자산이 1,000만 원 이상이나 되어야 한다.

또 주거래 고객이라 해도 최상위 등급이 아니면 혜택이 적다는 점도 문제이다.

하나은행의 경우 최하위 등급인 '그린'은 ATM 출금 수수료의 경우 50%만 깎아줄 정도이다.

이와 같은 사실에 비추어볼 때, 주거래 고객에 대한 혜택이 너무 부풀려져 왔음을 알 수 있다.

최근 은행들은 주거래 등급에 따라 금리를 우대해 주기보다는, 금융상품의 개별 조건에 따라 우대금리를 제공하는 추세인 것도 고려해야 한다.

주거래 고객보다
'체리 피커'가 돼라

　　　　　따라서 주거래 고객이 되려고 노
력하는 것을 현명하다고 말하기에는 무리가 있다. 아니, 단호하게
말하면 어리석은 짓이라고 할 수 있다. 차라리 신 포도는 먹지 않고
달콤한 체리만 골라먹는 소위 '체리 피커(기업의 상품이나 서비스를 구매하지 않
으면서 부가 서비스만 골라 이용하며 자신의 실속만 챙기는 소비자)'가 더 현명한 소비자라
는 생각이 든다. 경쟁이 치열한 업종의 경우 이 같은 소비 행태는 개
인에게 효과적이다. 카드사와 통신사가 대표적인 사례이다. 실제 카
드사의 경우 돈 한 푼 안 들이고 혜택만 쏙쏙 빼먹는 지능적인 얌체
고객들 때문에 골치가 아플 정도라고 한다. 통신사의 경우, 기존 통
신사와 계속 거래해 봐야 얻을 것이 별로 없다. 하지만 통신사를 옮
기면 상당한 금전적 및 비금전적 우대 서비스를 받을 수 있다.

　이는 은행, 증권회사 등 금융회사의 경우에서도 크게 다르지 않
다. 이들 기관에서 실익도 없는 혜택을 받기 위해 주거래 고객이 되
느니 체리 피커처럼 자신들이 필요한 서비스를 부지런히 챙기는 것
이 더 현명한 행동이라고 생각된다.

　굳이 주거래 고객이 되려고 애쓰지 말라. 대출받을 때, 환전할
때, 금융상품에 가입할 때 등 필요한 경우 열심히 발품을 팔아 정보
를 챙기다 보면 더 유리한 조건으로 거래할 수 있다. 영리한 고객만
이 은행을 길들일 수 있는 법이다.

02

만능청약통장은
정말 만능일까

'만능청약통장'이라고 불리는 주택청약종합저축은 2009년 최고의 금융상품으로 큰 인기를 끌었다. 만능청약통장은 출시된 지 단 5영업일 만에 가입자 300만 명을 돌파하였고, 5개월 만에 800만 명을 넘어섰다.

가히 우리나라 금융 역사상 최고의 인기 통장이라고 해도 과언이 아닐 듯하다.

도대체 주택청약종합저축이라는 상품이 어떤 장점이 있기에 이토록 인기가 있는지 이에 대해 간단하게 살펴보고, 유의할 점에 대해서도 알아보도록 하자.

만능청약통장 열풍,
도대체 어떤 상품이기에…

간단히 말해, 주택청약종합저축은 주택청약저축, 청약부금, 청약예금의 기능을 하나로 통합한 상품이다. 이는 기존 청약통장의 단점을 상당 부분 보완한 신개념의 상품이라는 평을 듣고 있다. 좀더 구체적으로 살펴보면, 이 통장은 주택 소유 여부나 연령에 관계없이 1인 1계좌씩 가입할 수 있고, 공공·임대·민영주택의 청약 자격이 모두 생긴다. 이 때문에 '만능통장'이란 별명까지 붙은 것이다.

주택청약종합저축의 납입 금액은 매월 2만~50만 원까지이며, 5,000원 단위로도 자유롭게 불입액을 바꿀 수 있다. 다만, 납입금 총액은 청약예금의 예치금 최대한도인 1,500만 원을 초과할 수 없다. 또 매월 나눠서 불입해도 되고, 한꺼번에 불입할 수도 있다. 그리고 청약 1순위 자격을 얻으려면 기존 청약통장처럼 가입 후 2년이 지나야 한다. 한마디로 기존 청약통장의 장점을 취하고 단점을 보완한 셈이다.

중요한 점은 적용 금리 또한 비교적 높은 수준이라는 것이다. 이 상품을 출시할 당시에는 출구전략(경제 위기 상황에서 취했던 여러 조치를 원상회복시키는 것으로 과도한 유동성 흡수를 위한 금리 인상 조치 등을 일컫는 말이다.)이 **본격적으로** 거론되지 않았기에 금리는 지금보다 낮은 수준이었는데, 당시 은행 예금 금리에 비해서는 낮지 않았다.

실제 만능청약통장 출시 당시 은행의 2년 만기 정기적금 금리가 연 3~4%대에 머문 데 반해, 이 통장의 경우는 2년 이상 가입 시 연 4.5%를 받을 수 있어 금리 매력도가 있었다. 단, 1년 이상 2년 미만의 경우는 연 3.5%, 1년 미만은 연 2.5% 수준이다.

이 통장은 우리은행, 농협, 기업은행, 신한은행, 하나은행 5개 은행에서 판매 중이다. 여기서 의아한 점은, 이 통장의 판매사 중에 국내 최대 은행인 국민은행이 제외되어 있다는 점이다.

2008년 4월, 정부가 청약저축을 취급할 수 있는 은행 자격을 놓고 입찰을 실시할 때 국민은행은 입찰에도 참가하지 않았다. 정부가 허용한 '수수료'가 너무 낮아 취급 원가에도 못 미쳐 돈이 안 된다는 판단에서였다. 결국 5개 판매 은행이 주택청약종합저축 유치대전을 치르며 대박 행진을 이어가는 동안 국민은행은 씁쓸한 구경꾼으로 바라볼 수밖에 없었다.

과거 청약저축의 독점 판매 은행으로 큰 이점을 누렸던 국민은행이 오판을 한 셈이다. 이 대목에서도 역시 은행은 '장사꾼' 그 이상도 이하도 아니라는 점을 확인할 수 있다.

주택청약종합저축의 또 다른 장점은 연말정산을 할 때 소득공제 혜택이 있다는 것이다. 연간 불입 금액의 40%로 최대 48만 원(납입액 120만 원 한도×40%)까지가 한도이다. 다만, 다른 가구원도 모두 무주택자여야 하며 다주택 가구주, 자영업자 등은 공제 대상에서 제외된다.

만능청약통장, 만능 아니다

그렇다면 주택청약종합저축은 정말 만능일까? 문제점이나 유의점은 없을까? 이에 대해 하나씩 짚어 보도록 하자.

첫째, 예금자 보호 대상이 아니라는 점이다. 하지만 그렇다고 해서 위험한 것은 아니다. 그 이유는 주택청약종합저축은 은행이 위탁 판매만 할 뿐이며, 예치금은 국민주택기금 계정(정부 관리)에 들어가기 때문이다.

따라서 만에 하나 판매 은행이 파산하여 고객들의 예금을 지급하지 못하는 상황이 발생해도 납입액 전액을 찾을 수 있다. 그리고 현실적으로 5개 판매 은행이 파산할 가능성은 거의 없다.

둘째, 현 시점에서 볼 때 금리가 낮은 수준이다. 물론 금리 때문에 이 통장에 가입하려는 사람은 별로 없겠지만 말이다. 출시 당시의 금리 수준을 감안한다면 금리가 낮지는 않았다. 하지만 예년 금리 수준을 감안하면 낮은 편이긴 하다.

현재 출구전략 등으로 금리가 오르는 추세임을 생각하면 손해 보는 기분이 드는 것은 어쩔 수 없다.

셋째, 청약 후 차액 인출이 안 된다는 점이다. 주택청약예금의 경우 주택청약 후 남는 돈이 생길 경우 해지하고 재가입하는 방식을 통해 차액을 돌려받을 수 있다.

그러나 이 통장은 청약저축 제도를 근간으로 하고 있어서 주택 청약에 당첨이 되거나 해지하기 전에는 차액을 인출할 수 없는 불편함이 있다.

넷째, 민영주택에 청약할 때 평형 변경은 2년이 지나야만 가능하다. 이 통장은 청약 시점에 주택 평형 선택이 가능하지만 평형 변경은 청약 후 2년이 지나야 한다.

다섯째, 무엇보다 심각한 문제는 이 통장의 개수가 너무 많다는 것이다. 이미 800만 계좌를 넘어섰고, 기존 청약저축, 부금, 예금통장까지 합산하면 과연 청약통장의 효용성이 있을지 의문이다. 예를 들어 입지가 좋고 가격 경쟁력까지 있는 아파트의 청약 경쟁률은 수천 대 일까지 치솟을 수도 있기 때문이다. 결국 청약종합저축 1순위는 희소가치가 떨어져 '무능' 통장으로 전락할 수 있다.

여섯째, 미성년자 가입자 수가 많은 것도 생각해 봐야 한다. 예컨대 미성년자 통장 가입자가 10~20년쯤 후 내 집 마련에 나설 때쯤이면, 정부의 500만 호 공급 정책이 현실화되어 집이 남아돌 수 있다. 만약 그런 일이 벌어진다면, 굳이 비싼 분양가의 아파트를 청약 받을 필요 없이 합리적인 가격의 기존 주택을 골라 사는 게 나을 것이다.

이런 점에 비추어볼 때, 아이러니하게도 정부의 주택 공급 정책이 실패해야 빛을 볼 수 있는 통장이 되는 셈 아닌가?

어찌 보면 이 통장은 급속도로 유출되고 있는 청약통장의 돈을 다시 끌어 모으고자 하는 은행의 의도와 경쟁률을 높여 분양 시장을 다시 살려 보려는 건설회사와 정부의 합작품 그 이상도 이하도 아닌 상품일 수도 있다.

과연 이 통장이 '만능' 통장이 될지 '무능' 통장이 될지 그 결과가 궁금하면서도 걱정이 앞설 뿐이다.

03

주택연금의
진실

 기존 은행권의 역모기지론(주택을 담보로 금융기관에서 일정 기간 일정 금액을 연금 식으로 지급받는 장기주택저당대출)은 문제가 많았다. 가장 핵심적인 문제라 할 수 있는 대출 금리가 너무 높았기 때문이다. 국민은행의 역모기지론 대출 금리는 5년 단위 고정금리로 2009년 7월 기준 연 8.78%에 달할 정도이다. 대출 취급수수료는 약정 금액의 1.0%로 대출 잔액에 가산하므로 부담이 이만저만이 아니다.

이렇듯 고객에게 불리한 조건이다 보니, 은행 역모기지론에 관심이 있는 수요자가 많음에도 불구하고 실제 이용자는 매우 미미한 수준에 그치고 있다.

집 한 채로 평생
연금을 받을 수 있다고?

하지만 주택금융공사 주택연금의 경우는 은행 역모기지론과는 다르다. 'CD금리＋1.1%'로 합리적인 대출 금리를 내면 되기 때문에 노후 생활에 큰 도움이 될 수 있을 것으로 본다. 그리고 2009년 4월 말 이후 대출 조건이 많이 완화되어 집 이외의 금융 자산이 적은 은퇴자라면 적극 이용해 볼 만하다.

주택연금은 상당한 세금 혜택도 누릴 수 있다. 연간 종합소득이 1,200만 원 이하인 자에 한해 역모기지 대상 주택 중 국민주택 규모(전용면적 85㎡) 이하 및 주택가격(과세기준) 3억 원 이하의 주택에는 재산세 25%가 감면된다. 또 주택가격(과세기준) 3억 원 이하인 경우 주택연금 근저당 설정에 대한 등록세(설정 금액의 0.2%)가 면제되고, 지방교육세(세

가입 연령	부부 모두 65세 이상 → 60세 이상
대출 한도	3억 원 → 5억 원
수시 인출비율	대출 한드의 30% → 50%
세제 혜택	재산세 25% 감면 (주택가격 3억 원, 전용면적 85㎡, 연소득 1,200만 원 이하) 대출이자비용 소득공제 (연간 200만 원 한도)

* 출처 : 주택금융공사

달라진 주택금융공사 주택연금 제도

(단위 : 만 원)

연령＼주택가격	1억 원	3억 원	5억 원	7억 원	9억 원
60세	24	71	118	166	213
62세	26	77	128	179	230
64세	28	83	138	194	249

* 종신 지급형, 정액 방식 기준
* 출처 : 주택금융공사

주택연금 가입자 연령별 월 지급액

액×20%)도 깎아준다. 무엇보다 연간 200만 원 한도로 대출이자비용에 대한 소득공제를 받을 수 있는 장점이 있다.

한편 주택연금에 대해 고려해야 할 사항은 향후 집값이 떨어질 가능성에 대해 염두에 두어야 한다는 것이다. 인구 구조의 급격한 변화와 공급 과잉, 저성장 등의 이유로 집값이 떨어질 것으로 판단된다면 굳이 주택연금을 받을 필요는 없다. 그냥 지금 고가에 팔고 적당한 집으로 갈아타거나 전세로 살면 된다. 그리고 집을 판 목돈을 은행에 예치하여 이자를 수령하는 것이 여러모로 유리할 수도 있다. 물론 지금까지 그랬듯이 집값이 실질가격이든 명목가격이든 계속 오르거나 크게 빠지지 않을 가능성도 있다.

나의 판단으로는 서울과 몇몇 호재가 있는 지역을 제외하고는 집값 전망이 어두워 보인다.

금융 위기를 벗어나고자 한국은행은 낮은 금리를 고수해 왔다.

하지만 시간이 지나면서 출구전략을 펴야 하는 상황으로 호전되었고, 이에 따라 금리가 바닥을 치고 올라오고 있다. 주택연금의 금리는 앞서 언급한 것처럼 CD금리에 1.1%의 가산 금리를 더한 금리가 된다. CD금리 또한 조금씩 오르는 분위기인데 예전처럼 4~5%대의 금리 수준으로 회복되거나, 그 이상의 금리로 올라간다면 상당한 이자 부담을 감수해야 한다. 현재로서는 특별한 경제 사건만 없다면 예전과 같은 높은 금리는 전망하기 어려울 듯하다.

그리고 가입 조건을 완화하긴 했지만 추가적인 완화 조치가 필요하다. 실질적인 은퇴가 50대 중반 무렵에 이루어진다는 것을 감안하면, '부부 모드 만 60세 이상'이라는 조건은 현실을 제대로 반영하지 못하고 있는 것으로 보인다.

주택연금의 문제점
꼼꼼히 따져보자

감정가 기준 3억 원인 A씨 부부의 아파트를 예로 들어 주택금융공사 주택연금의 문제점을 살펴보면 다음과 같다.

첫째, 가입비용이 문제이다. 초기 보증비용만도 600만 원(주택가격의 2%)에 이르기 때문이다. 여기에 근저당 설정비용(80만 원), 법무사 수수료(30만 원), 인지대(35만 원) 등을 합하면 745만 원이나 된다. 이 비용은 환불이 불가능하다. 따라서 가입 후 1년 뒤에 갑자기 사정이 생겨 해약하려면 초기 비용과 1년 동안 받은 연금, 초기 보증료와 별도인 월 보증료, 대출이자 등을 합해 1,979만 원을, 3년 뒤 해지하려면 5,072만 원을 갚아야 한다.

둘째, 인플레이션에 대한 대비가 안 된다는 점이다. A씨가 감정가 3억 원의 아파트로 받을 수 있는 연금은 매월 106만 원이다. 만약에 앞으로 10년 동안 물가가 두 배로 오른다면, 10년 뒤 A씨의 연금은 구매력 기준 실질 가치 측면에서 절반으로 줄어든다.

셋째, 앞으로 주택가격이 크게 오른다 해도 A씨가 받는 금액은 그대로라는 것이다. 주택연금은 첫 계약 당시 월 연금 지급액이 고정되기 때문에 주택가격이 올라도 더 주지 않는다. 기존 계약을 해지한 뒤에 오른 주택가격을 기준으로 새로 가입할 수는 있다. 그러나 이 경우 기존 대출을 모두 갚은 뒤 오른 주택가격에 따라 1,000만 원 안팎의 초기 가입비용을 또다시 내야 하므로 실제로 해지를 결정하기가 쉽지 않다.

넷째, 내 집을 내가 맡기고 연금을 받는데 그 돈을 내 마음대로 쓰지 못하는 점도 꺼림칙하다. 현재 주택연금은 매달 받는 돈 외에 급할 때 쓰도록 일정 금액을 미리 빼놓을 수 있다. 그러나 그 금액이 주택 감정가의 15% 내외(대출 한도의 30%)밖에 되지 않고 용도 제한도 많다. 자녀 결혼, 의료비 등으로 제한되고 이 또한 사용 사실을 영수증 등으로 증명해야만 한다.

다섯째, 일단 주택연금에 가입하면 집을 마음대로 옮기지 못한다. 질병 치료, 자녀 부양 등의 이유를 제외하고는 1년 이상 집을 비울 경우 계약이 해지된다. 양로원도 함부로 갈 수 없다. 10~20년 뒤 집이 낡거나 동네 환경이 나빠져도 집을 옮기지 못한다.

여섯째, 기존 대출자에 대한 배려가 없다. 예를 들어 A씨 부부가 현재 이 아파트를 담보로 3,000만 원의 담보대출이 있다고 해보자. 그렇다면 이를 모두 갚아야 주택연금에 가입할 수 있다. 이 경우 미국은 주택연금을 통해 이 대출금을 갚고 남은 부분만 가입할 수 있는데 우리나라는 불가능하다.

일곱째, 연금은 처음 정하면 죽을 때까지 고정급으로 받는데 대출이자는 변동금리라는 점이다. 그래서 지금처럼 금리가 오르는 시기에 받는 연금은 일정하지만, 대출이자는 복리로 눈덩이처럼 불어난다.

여덟째, 이혼의 경우 배우자에 대한 고려가 없다. 부인 B씨가 이혼할 경우 주택연금을 전혀 받을 수 없다. 아파트가 남편 A씨 명의로 되어 있고 주택연금도 A씨 명의로 받았기 때문이다.

아홉째, 재개발이나 재건축에 대한 배려가 없다. 살고 있던 아파트가 재개발이나 재건축을 하는 경우 기존 대출금, 대출이자, 보증료 등을 모두 갚고 해지 해야 한다.

열째, 5억~6억 원의 고가 주택 소유 고령자들은 연금 액수에서 손해를 본다. 주택연금 가입 주택 한도는 6억 원이지만 대출 한도가 3억 원이기 때문이다. 즉 감정가 6억 원인 아파트에 사는 고령자가 가입할 경우 대출 한도는 3억 원이 훨씬 넘게 나온다. 하지만 정부는 정책적으로 이를 3억 원으로 묶었다. 따라서 대출 한도 3억 원 이상은 손해를 보게 된다.

열한째, 연금 지급액이 너무 적게 설정되어 있다는 분석도 있다. 이는 연금 산정 이자율(할인율)과 관련 있다. 이 이자율이 높으면 연금이 적고, 낮으면 많다. 할인율이기 때문이다. 현재 연금 산정 이자율은 7.12%로, 10년 만기 국고채 직전 5년 동안의 평균 수익률에 2.0%포인트의 마진을 더한 수치이다. 미국은 가입자가 매달 변동금리를 선택하면 10년 만기 미 재무부 증권 금리에 1.5%포인트 마진을 더한 할인율을 적용한다.

열두째, 주택연금에 가입하더라도 주택의 소유권은 엄연히 가입자에게 있다. 따라서 재산세 등 각종 세금과 공과금은 가입자가 그대로 내야 한다. 이를 제대로 내지 못하면 주택연금 계약도 즉시 해지되고, 그동안 받은 돈과 대출이자, 보증료 등을 모두 한꺼번에 갚아야 한다.

열셋째, 상속 문제도 고민이다. 자녀들의 부담을 덜어주기 위해 주택연금에 가입했지만, 막상 죽고 나서 자녀들에게 물려줄 것이 한 푼도 없게 된다는 생각을 하면 마음이 무겁다. 주택연금은 연금을 받는 노인들이 죽고 나면 그 집을 팔아 기존 대출금을 가져가기 때문이다.

04

안 꺾이는 은행의
'꺾기' 관행

금융업계의 조사에 따르면, 시중은행들이 중소기업 등 고객에게 대출해 주면서 금융상품의 가입을 강요하거나, 예금 및 적금 인출을 못하도록 제한하는 이른바 '꺾기' 영업 행위가 여전히 심각한 수준이라고 한다.

은행의 불법적인
꺾기 영업 실태

은행의 불법적인 꺾기 행위 피해 사례를 살펴보면 그 심각성이 얼마나 깊은지 짐작할 수 있다.

지방의 개원의인 남 모 씨는 2005년 가을 주거래 은행으로부터 엔화 대출을 권유받았다. 당시에는 2%라는 낮은 금리도 금리였지만, 원/엔 환율이 계속 떨어지는 추세라 상당한 시세 차익도 가능하다는 은행 직원의 설명에 마음이 흔들렸다.

실제로 가입 후 환율이 100원 이상 많이 떨어져 원금 자체가 15% 가까이 줄어들어 대출로 돈을 버는 기현상이 벌어졌다. 대출받은 돈으로는 주식과 펀드에 가입을 했는데 그것마저 큰 수익률을 거두었다. 그야말로 일거양득의 선순환이 계속되어 본업이 시시하게 느껴지기까지 했다.

그러나 남 씨의 얼굴에서 미소가 사라지는 데는 채 3년이 걸리지 않았다. 금융 위기 탓에 원/엔 환율이 급등한 것이다. 한때 800원/엔도 깨질 듯했는데, 이제는 1,500원/엔을 뚫는 '원저 엔고' 현상이 추세로 돌변했다. 그리고 엔화 대출 만기가 다가오자 은행으로부터 엔화를 상환하라는 요구를 받았다. 대출금이 50% 이상 늘어난 것도 문제이지만, 때마침 금융 위기로 인해 대출로 투자한 자산들도 적지 않은 손실을 입어 난처한 입장에 빠졌다.

그러자 은행 측은 전대미문의 위기임을 고려해 만기 연장을 해주겠다고 했다. 그렇게 남 씨는 한숨을 돌리는가 싶었지만, 은행은 그에게 '통화 옵션 상품'이라는 꺾기를 강요했다. 그 상품은 향후 환율이 추가 상승하면 이익이지만 반대로 하락하면 손실을 입는 구조였다. 환율이 오른 만큼의 손실 금액을 수수료로 취하겠다는 의도로 해석할 수밖에 없다. 하지만 그에게는 선택의 여지가 없었다.

위와 같은 통화 옵션 상품이 아니더라도 일부 상환, 분할 상환, 추가 담보 또는 예금 및 보험 가입을 요구받는 사례도 많았다. 자금 사정이 어려운 대출자의 상황을 악용한 명백한 꺾기 영업인 셈이다. 또 다른 사례를 하나 소개해 보겠다.

직장인 권 모 씨는 자녀가 성장함에 따라 소형 아파트에서 중형 아파트로 이사를 가기로 했다. 이에 추가 필요 자금 5,000만 원 가운데 3,000만 원을 융통해 보려 했지만 여의치 않았다. 기존 아파트에도 대출이 꽤 있었기 때문인데 결국 그가 찾은 곳은 H보험사였다. H보험사는 금리는 은행보다 2%가량 더 높았지만 주택담보 인정비율LTV, Loan To Value이 높아 대출 금액이 많았다. 그는 거기까지는 크게 불만이 없었다. 그러나 대출 담당 직원이 월 10만 원짜리 보험을 가입해야 한다는 말에 기분이 몹시 상하고 말았다. 결국 중복 보장이 되는 쓸데없는 보험을 가입하게 되었고 1년 뒤에 해약하였다. 해약환급금이 얼마 되지 않아 결과적으로는 월 9만 원의 추가 이자를 낸 것과 다를 바 없었다.

위와 같이 대출에 보험 꺾기 영업 사례도 적지 않다.

2007년 자료에 의하면, 은행에서 방카슈랑스로 가입한 보험의 22%가 대출과 연계된 꺾기였다고 한다. 그리고 그 중에서 상대적으로 대출을 받기 어려운 자영업자의 비율이 직장인, 주부의 비율보다 10% 이상 높았다.

결국, 꺾기는 금융 약자에 대한 강자의 횡포나 다름없다는 점이 여실히 드러나는 조사라 할 수 있다.

서민 울리는 꺾기 행위, 강력한 규제가 필요하다

2009년 4~5월 금융감독원이 국내 16개 은행을 대상으로 꺾기 실태에 대해 조사한 결과, 총 13개 은행에서 274건, 57억 8,000만 원 규모의 꺾기 사례가 적발되었다. 각 은행별로는 광주은행, 경남은행, 신한은행, 하나은행 등의 순서로 꺾기 사례가 많았다.

2009년 10월 금융감독위원회 국정감사에서 민주당 신학용 의원은 국책 은행과 정부가 지분 보유한 은행들이 꺾기에 앞장섰다는 점과 전면 검사는 사실상 2005년 이후 처음이라는 점을 지적한 바 있다. 만연한 꺾기 영업 근절을 위해 향후 국감에서 감독 당국의 일벌백계와 꺾기 검사의 정례화를 촉구하겠다고 밝혀 눈길을 끌었다.

나의 저서인 《부자가 되려면 은행을 떠나라》(2004년)에서도 꺾기 영업에 대한 비판의 글을 쓴 적이 있는데, 그 후로도 5년 동안 별다른 개선이 없었고 오히려 더 교묘한 방법으로 꺾기 영업이 진화된 것 같아 씁쓸하기 짝이 없다.

금융 소비자 입장에서는 이런 꺾기를 피해 가기 위해 금융 지식을 쌓는 것은 물론이고, 자산 관리에 좀더 많은 신경을 쏟아야 할 것이다. 오늘날은 아는 것이 돈이요, 모르는 것은 낭비이자 손해가 되는 시대에 살고 있다는 점을 기억해야 한다.

05

은행과 증권회사의
고금리 함정에 빠지지 말라

실세 CMA(종합자산관리계좌) 금리가 연 2~3%에 불과한 데도, 연 4~5% 수준의 고금리를 제시하는 은행 수시입출금식 통장과 증권회사 등의 CMA가 출시되어 많은 금융 소비자들의 눈길을 끌고 있다. 과연 그렇게 높은 금리를 적용받을 수 있을까?

이와 같은 상품이 매력적으로 느껴지겠지만, 단언컨대 이들 상품은 '미끼'용 상품에 불과하다는 사실을 명심해야 한다. 앞서 살펴봤듯이 위 금리를 받으려면, 일종의 꺾기 상품을 가입해야 하는 조건이 붙어 있기 때문이다. 금융 소비자들은 이 같은 허울뿐인 고금리 상품의 함정에 빠지지 않도록 유의하고, 이에 대해 관심을 갖고 따져봐야 할 것이다.

은행의 최고 금리는
고객 유인용 미끼

은행 상품 가운데 가장 눈길이 가는 상품은 SC제일은행의 '두드림패키지' 상품이다. 이 상품은 자사의 두드림통장과 두드림신용카드를 함께 이용하면 최대 연 6.1%의 높은 이율을 받을 수 있다.

수시입출금식인 두드림통장의 기본 이율은 연 3.6%이다. 따라서 연 6.1%의 금리를 적용받으려면 두드림신용카드의 한 달 사용 금액이 200만 원을 넘어야 하고, 두드림통장을 급여계좌로 지정해야만 한다.

이 경우도 통장 잔액 1,000만 원까지만 고금리가 적용되며, 금리 계산법이 '선입선출법'을 따른다는 것을 기억할 필요가 있다. 즉 마일매일 평균 잔액을 기준으로 삼는 것이 아니다. 먼저 들어온 돈이 먼저 빠져나가는 선입선출 방식이 적용되기 때문에, 실제로는 금리가 0.01% 적용될 수도 있다.

SC제일은행은 입금 건별로 31일 이상 예치한 자금에 대해서는 연 3.6%, 30일 이하면 연 0.01%가 적용된다.

한국씨티은행의 수시입출금식 예금인 '참 똑똑한 A+ 통장'도 입금 건별로 31일 이상 예치해야만 최고 연 4.2%의 금리를 줄 뿐, 30일 이하면 연 0.1%밖에는 못 받는다.

증권회사의
CMA 고금리 함정

증권회사도 은행 못지않다. 증권회사가 제시하는 CMA 수익률 연 4~5%를 받기가 만만치 않기 때문이다. 대부분 이들 증권회사의 펀드에 가입해야 하거나, 일정 금액 이상의 주식 약정이 있어야 한다.

또 우대금리를 받을 수 있는 한도는 몇 백만 원 수준에 불과하다. 실제로 제시하는 최고 수익률은 연 4~5%에 달하지만, 기본 수익률은 2~3%에 그치고 있는 실정이다.

이와 관련해서 증권회사 상품 가운데 가장 눈에 띄는 것은 대신증권의 CMA이다. 이 계좌는 수익률 최고 연 9%를 준다는 파격적인 조건을 내걸어서 화제가 되었다. 이는 어떤 상품이고 어떤 조건을 충족해야 하는지 좀더 구체적으로 살펴보도록 하겠다.

대신증권의 CMA는 최대 9%를 준다고 하니 신용등급이 낮은 위험한 채권을 편입하지는 않을까 하는 불안감을 가질 수도 있으나, 일단 안전성 면에서는 문제가 없다고 볼 수 있다. 안전성이 높은 국채와 통안증권(시중에 풀린 돈을 흡수하기 위해 한국은행이 발행하는 증권으로 통화안정증권을 말한다.)으로만 100% 편입해 운용하기 때문이다. CMA나 MMF에는 통상 은행채, 카드채, 회사채 등을 일부 편입하고 있다.

특히 수익률이나 서비스 면에서 나무랄 데가 없어 보인다. 이는 경쟁 증권회사들이 연 4~5%대의 수익률을 제시하고 있는 것을 감안하면 놀라운 수익률을 제시하고 있는 것이기 때문이다. 또 일정 조건을 충족하면 이체 수수료가 면제될 뿐만 아니라, 연계 은행 CD/ATM 출금 시 수수료도 면제된다. 그리고 온라인 알뜰가계부도 무료로 제공한다.

그럼, 이제부터 이 상품이 과연 수지맞는 상품인지 자세히 따져 보도록 하자.

아래의 도표에서 보듯이, 260만 원을 CMA 금리 9%를 적용받기 위해서는 최소 2,000만 원의 돈을 펀드에 맡겨야 한다. 하지만 이때 0.8% 이상의 판매 보수를 내야 하는 '대신증권 빌리브 Believe' 대상 펀드 가운데 한 펀드 이상에 넣어야 한다. 판매 보수가 0.8%라면 신탁 보수는 1.2% 수준은 된다. 주식형 펀드의 경우 판매 보수가 신탁

펀드 가입 구간	CMA 우대 내용	펀드 담보대출 우대 내용
2천만 원 이상~4천만 원 미만	9% 260만 원~5% 800만 원	1% 210만 원~5% 450만 원
4천만 원 이상~6천만 원 미만	9% 530만 원~5% 1,600만 원	1% 420만 원~5% 910만 원
6천만 원 이상~8천만 원 미만	9% 640만 원~5% 1,920만 원	1% 640만 원~5% 1,370만 원
8천만 원 이상~1억 원 미만	9% 850만 원~5% 2,560만 원	1% 850만 원~5% 1,820만 원
1억 원 이상~3억 원 미만	9% 1,200만 원~5% 3,600만 원	1% 1,060만 원~5% 2,280만 원
3억 원 이상~5억 원 미만	9% 3,600만 원~5% 10,800만 원	1% 3,200만 원~5% 6,850만 원
5억 원 이상	9% 6,000만 원~5% 18,000만 원	1% 5,330만 원~5% 11,420만 원

대신증권 빌리브 대상 펀드 매수 구간별 혜택 내용

보수의 3분의 2 정도 되기 때문이다. 그러나 결정적으로 1.2%의 저렴한 신탁 보수의 좋은 펀드는 찾기 어렵다는 것이다. 대부분 주식형 펀드의 신탁 보수는 2.5% 안팎에 이르기 때문이다.

따라서 이 상품에 2,000만 원을 투자할 경우 적어도 24만 원, 평균 50만 원의 비용을 내야 한다. 이것도 보수의 차감 구조를 감안하여 재투자 수익률까지 생각한다면, 실제로는 30만~60만 원 범위의 비용을 낸다고 봐야 한다.

그러면 이런 비용을 내는 대가가 얼마나 달콤할지 한번 계산해 보자. 예컨대 260만 원을 4%의 우대금리를 적용받는다고 가정해 보자. 경쟁사의 금리가 많게는 5% 수준인 것을 감안한 것이다. 그럼, 10만 4,000원(260만 원×4%)만큼의 추가 이자를 받게 되는 셈이다. 30만 ~60만 원의 비용을 내고 10만 4,000원의 추가 이자를 받았다고 좋아할 일은 결코 아니지 않는가?

또한 대신증권 빌리브 대상 펀드의 웹사이트 초기 몇 페이지에는 계열사인 대신운용의 펀드들만 잔뜩 들어 있으며, 각 지점에서는 계열사 펀드를 한 번이라도 더 언급하며 추천하지 않으리란 보장도 없다. 물론 대신증권이 아닌 타 증권회사 또는 은행을 통해 주식형 펀드를 가입할 의사가 있을 수도 있지만, 대개 사람들은 기왕에 대신증권 CMA에 가입하기로 마음먹었다면 굳이 타 금융회사를 통해 가입하지 않고 대신증권에서 가입하고 우대금리도 받는 것이 나을 것이라고 생각할 것이다.

결국 이 파격적인 금리의 CMA 상품에도 숨은 의도가 있고, 대신증권이 결코 손해 보는 장사가 아님을 알 수 있다. 한가디로 매우 정교한 마케팅의 산물인 셈이다.

재차 강조하건대, 금융 소비자는 결코 물고기가 아니며 금융회사는 소비자를 낚는 낚시꾼 노릇을 그만두어야 한다. 또한 소비자들도 금융회사의 미끼 상품에 속지 않도록 금융 지식을 쌓고 관심을 가져야만 할 것이다.

06

달콤한 고금리의
위험한 유혹, 저축은행

- 2005년 부산 인베스트저축은행

- 2006년 경기 좋은저축은행

- 2007년 전남 대운저축은행, 전남 홍익저축은행, 경북 경북
  저축은행

- 2008년 경기 분당저축은행, 전북 현대저축은행, 전북 전북
  저축은행

- 2009년 제주 으뜸저축은행

위에 열거된 저축은행은 어떤 저축은행들일까? 이들 은행은 다
름 아닌 경영이 부실해서 영업정지를 당한 저축은행들의 명단이다.

생각보다 많은 저축은행들이 영업정지를 받고 있다. 경기가 좋든 나쁘든 상관없이 해마다 두어 곳의 저축은행들이 문을 닫고 있는 실정이다. 실제로 내 친구도 위의 저축은행 중 한 곳과 거래하다가 낭패를 당한 적이 있다. 다행히 예금자 보호가 되는 범위 내의 금액이라 얼마간 돈이 묶이기는 했지만, 결국 원금과 은행이자는 받을 수 있었다. 그러나 금리가 높다고, 예금자 보호가 된다고 덥석 저축은행에 목돈을 맡기면 큰 코 다칠 수 있으니 거래할 때 각별한 주의를 기울여야만 한다.

똑소리 나는
저축은행 감별법

그렇다면 저축은행은 어떻게 감별해야 하고, 어떻게 이용하는 것이 좋을까? 이에 대해 간략히 살펴보면 다음과 같다.

첫째, 무조건 예금자 보호 범위 내에서 돈을 거래해야 한다. 세상일은 항상 최악의 상황을 가정하고 계획을 짜는 것이 좋다. 특히 저축은행은 부동산 PF Project Financing 부실 대출의 가능성이 남아 있는 만큼 보수적으로 자금을 맡겨야 한다. 1인당 원리금 합계가 5,000만 원까지 보장되므로 한 저축은행에 원금 기준 4,500만~4,600만 원 정도 넣으면 별 문제 없다.

둘째, '88클럽' 저축은행 위주로 거래해야 한다. 흔히 우량 저축은행을 판별할 때 사용하는 기준은 이른바 88클럽에 속하는가 여부이다. 이는 통상 BIS비율(국제결제은행 자기자본비율)이 8% 이상이면서, 고정이하여신비율(고정, 회수 의문, 추정 손실 등급의 여신 비율)이 8% 이하인 저축은행을 88클럽이라고 칭한다.

하지만 자신이 돈을 맡긴 저축은행이 88클럽이라고 해서 절대 안심해서는 안 된다. 그 이유는 일부 저축은행의 회계 시스템이나 내부 통제 시스템이 엉터리일 수도 있기 때문이다. 실제로 금융 당국의 조사 결과 몇몇 충격적인 사실들이 밝혀졌는데, 모 저축은행의 BIS비율은 조사 전후로 최대 37%까지 차이가 났기 때문이다. 즉 분식회계를 하고 허위 보고를 할 수 있다는 말이다. 또 BIS비율은 6월 말 현재 기준이기 때문에 경과 기간 동안의 변동 내역을 알아내기가 어렵다. 예를 들어 6월 중순경 인터넷 웹사이트나 다른 매체를 통해 접하게 되는 BIS비율은 거의 1년 전 자료인 경우도 많다.

셋째, 대형 저축은행이 안전할 가능성이 많다. 이는 BIS비율의 의미를 알면 쉽게 이해가 될 것이다. 예를 들어 자산이 1,000억 원인 모 저축은행의 BIS비율이 8%라고 하자. 그렇다면 이 저축은행의 자기자본이 80억 원(1,000억 원×8%)이라는 이야기인데, 만약 30억 원의 부실 대출이 발생하면 어떻게 될까? 바로 BIS비율이 5%로 급락하고 만다. 반면에 BIS비율이 8%, 자산이 1조 원인 모 저축은행의 경우는 좀더 여유가 생길 것이다. 자기자본이 800억 원이기 때문에 부실 대출로 인한 충격파가 적기 때문이다. 물론 인베스트저축은행, 분당저축은행 등의 예외는 있었지만 말이다.

넷째, 가급적 1년 단위로 가입하는 것이 좋다. 저축은행의 자기자본은 많지 않기 때문에 의의 비율들은 생각보다 빨리 악화될 수 있다. 예컨대 분당저축은행의 경우도 그랬다. 불과 1년 사이에 BIS비율이 반 토막이 났고 적자로 전환되었다. 따라서 1년 단위로 돈을 짧게 운용하는 것이 마음도 편하고 돈 굴리는 재미도 느낄 수 있을 것이다.

넷째, 고금리에 현혹되어서는 안 된다. 특히 최고 금리를 제시하는 곳은 더더욱 보수적으로 판단해 봐야 한다. 역지사지로 저축은행의 대주주 입장에서 생각해 보라. 왜 다른 곳보다 더 높은 금리를 제시하겠는가? 빌려 줄 곳이 있을 수도 있겠으나 아마도 그만큼 급전이 필요하다는 의심이 들지 않는가?

실제로 고금리와 관련된 사건들이 종종 발생하곤 한다. 내 지인 중에도 최고 금리에 눈이 멀어 거액을 맡겼다가 해당 저축은행이 영업정지 되는 바람에 큰 낭패를 본 사람이 있다.

다섯째, 재무제표상의 추이를 살펴봐야 한다. 대출과 자산이 급격하게 늘고 있지는 않은지, BIS비율이나 고정이하여신비율의 추세가 개선되고 있는지 그렇지 않은지 따져봐야 한다. 그리고 영업이익과 당기순이익이 좋은 실적을 거두고 있는지, 또 추세는 어떠한지도 살펴봐야 한다.

　우리가 고가의 가전제품이나 자동차, 가구 등을 살 때 얼마나 꼼꼼하게 따지는지 생각해 보라. 나는 양문형 냉장고를 사기 위해 몇 주 동안이나 발품을 팔아가며 이곳저곳을 알아본 적이 있다. 우리가 값비싼 내구재를 살 때 들이는 노력의 반만 기울여도 우리의 자산 관리는 훨씬 안전해지지 않을까?

07

수수료
얕잡아 보지 말라

금융회사에게 있어 수수료란 어떤 의미일까? 몇몇 사람들에게 수수료를 받는다면 쌈짓돈에 불과하겠지만 수만, 수백만 고객에게 수수료를 받는다면 그 규모는 엄청나게 커진다. 실제로 은행의 경우 수수료 수입이 수조 원에 달하고 있다.

몇백 원 송금하는 데
수수료가 몇천 원?

물론 수수료를 합리적으로 책정하고 부과한다면 수긍할 수 있지만 종종 무리한 수수료 부과가 이루어지고 있어 눈살을 찌푸리게 한다. 특히 인터넷을 사용하지 못하는 사람이나, 인터넷에 접근하기 어려운 상황에서 금융 창구를 통해 일 처리를 해야 하는 경우는 그 비용 체계에 절로 짜증이 날 정도다.

게다가 타행 송금을 하는 경우 송금 수수료가 몇 천 원에 육박한다. 만약에 피치 못한 경우로 몇 백 원이나 몇 천 원을 송금해야 하는 상황이 생기면, 송금 수수료가 송금액보다 많게 되는 경우도 생긴다. 은행 간 수수료에 따라 몇 백 원을 송금하는 데 3,000원의 수수료를 내야 하는 경우도 있다. 그리고 온라인 송금을 하더라도 건당 500원가량을 내야 하는 경우도 많다. 또 송금 건수가 많으면 수수료 부담이 상당히 커진다.

얼마 전 나는 증권회사 창구에서 주식을 대체할 일이 있었다. 주식을 대체하는 것과 돈을 송금하는 것의 차이는 분명 있을 것이다. 하지만 한 건의 대체 수수료로 5,000원을 내야 한다고 해서 깜짝 놀란 적이 있었다. 만약 대체할 종목이 여러 개였다면 수수료만 몇 만 원을 내야 하는 상황이었다. 그 후 고객의 잇단 항의로 대체 수수료가 건당 2,000원으로 하향 조정되었다고 한다.

대부분의 고객들은 불만이 있어도 그냥 넘어가기 일쑤이나 몇몇 의식 있는 고객들의 강력한 항의 덕분에 이처럼 수수료가 싸지는 경우를 종종 보게 된다.

불가능해 보이지만, 이처럼 사람들의 적극적인 관심과 의견 개진은 때로 제도의 변화를 가져온다는 점을 기억할 필요가 있다.

통장에서 내 이름 바꾸는 데 5,000원이나 내야 한다고?

수수료 가운데 가장 황당하게 느껴지는 것 중에 하나가 바로 '개명 수수료'이다. 부모님이 지어준 이름이지만, 여러 가지 이유로 인해 개명을 신청하는 사례가 매우 많다고 한다. 해마다 이름을 바꾸려는 개명 신청자가 10만 명 이상이나 된다고 한다. 2009년 상반기만 해도 개명 신청자가 대폭 증가해 개명 허가 신청 건수가 무려 9만 건에 달했다.

이렇게 개명한 사람들은 은행의 통장도 바꿔야 하는데 은행별로 그 비용으로 최고 5,000원을 부과하고 있다. 예를 들어 국민은행도 개명으로 통장 예금주 이름을 바꾸는 데 최고 5,000원을 받고 있다.

국민은행의 한 관계자는 "전산의 원장元帳을 모두 바꿔야 해서 인건비 등 원가가 발생한다. 국민은행은 일부 우수 고객은 면제해 주고 있지만, 그렇지 않은 고객은 수수료를 내야 한다"고 말했다.

외환은행도 즈거래 고객이 아닌 일반 고객에게는 5,000원의 수수료를 부과하고 있고, 기업은행은 일부 우수 고객을 제외하고는 같은 금액의 수수료를 받고 있다. SC제일은행도 비슷한 수준으로 명의 변경 수수료를 책정했다. 하나은행은 고객을 5등급으로 나누고 세 번째 등급부터 2,000원의 수수료를 부과하고 있다.

하지만 은행이 통장을 처음 개설할 때에는 수수료를 부과하지 않다가, 이름을 변경하는 것에 대한 수수료는 너무 과하게 받는 것은 아닌가 하는 지적이 제기되고 있다. 일부 은행들의 경우 이 같은 민원이 많아지자 개명 수수료를 없앴다. 신한은행은 지난 2007년부터 개명 수수료를 받지 않고 있으며, 우리은행은 2009년 9월부터 개명 수수료를 폐지했다.

우리은행의 한 관계자는 "이름을 바꾼 사람 가운데 통장을 몇 개 가지고 있으면 수만 원의 비용이 들 수 있다. 고객 민원이 많은 예민한 수수료여서 과감하게 없앴다"고 말했다.

이제부터라도 수수료에 대해 가볍게 생각하지 말고 제값을 지불하도록 노력해 보자. 적은 돈인 것 같지만 이것이 모이면 결코 만만치 않은 액수가 된다. 우리의 피 같은 소중한 돈이라는 생각을 갖고 꼼꼼히 수수료를 따져보는 습관을 기르도록 해야 할 것이다.

08

은행에만
유리한 상품

최근 매출액 1조 원을 향해 달리던 한 코스닥기업이 날벼락을 맞았다. 바로 키코KIKO, Knock-In, Knock-Out의 대표적인 피해 사례인 '태산엘시디'에 관한 이야기이다. 키코는 간단히 말해, 기업과 은행이 환율 상하단을 정해 놓고, 그 범위 내에서 지정 환율로 외화를 거래하는 파생금융상품을 말한다.

주식투자에 조금이라도 관심이 있는 사람이라면 누구나 태산엘시디를 잘 알고 있을 정도로 이 기업은 코스닥을 대표하는 대형 우량주 중에 하나였다. 그러나 작년 한해 키코로 8,000억 원에 가까운 영업 외 손실을 입었고, 대규모 자본 잠식과 함께 퇴출될 상황 직전까지 갔다가 유예를 받는 상황에 이르렀다.

키코로 인한
중소기업 손실 눈덩이

농협경제연구소에 따르면, 2008년 말 기준으로 키코에 가입한 519개 중소기업 중 조사 대상 기업 48개의 파생상품 손실 규모는 무려 4조 5,000억 원이 넘는 것으로 조사됐다(출처 : 금융감독원 전자공시시스템, 각 기업 2008년 결산 공시 자료 중 파생상품 관련 손익). 조사 대상 48개 중소기업 가운데 37개 기업은 태산엘시디의 경우처럼 파생상품 손실이 자기자본 대비 100% 이상의 손실을 기록했다. 그동안 대기업의 납품가격 인하 압력과 환율 상승, 치열한 경쟁 등 많은 어려움을 겪으면서 그나마 잘 버텨왔던 중소기업들이 그야말로 치명적인 카운터펀치를 맞은 셈이다.

파생상품은 기본적으로 누군가 손실을 보면, 또 다른 누군가가 그만큼의 이익을 보는 구조를 띤다. 즉 제로섬 zero-sum 구조라는 것이다. 그렇다면 과연 엄청난 키코 손실만큼의 이익을 누가 벌었을까? 이익의 상당 부분은 외국계 금융회사가 차지했지만, 판매한 국내외 은행들도 만만찮은 이익을 벌었다.

다음 페이지의 표에서 보듯이 판매한 은행들의 이익이 예상외로 많다. 문제는 키코 사태가 이미 끝난 완료형이 아니라 진행형이라는 데 있다. 키코는 원/달러 환율이 떨어진다고 손실이 만회되는 상품 구조가 아니다.

즉 환율이 떨어지면 손실이 만회되는 것으로 오해하고 있으나,

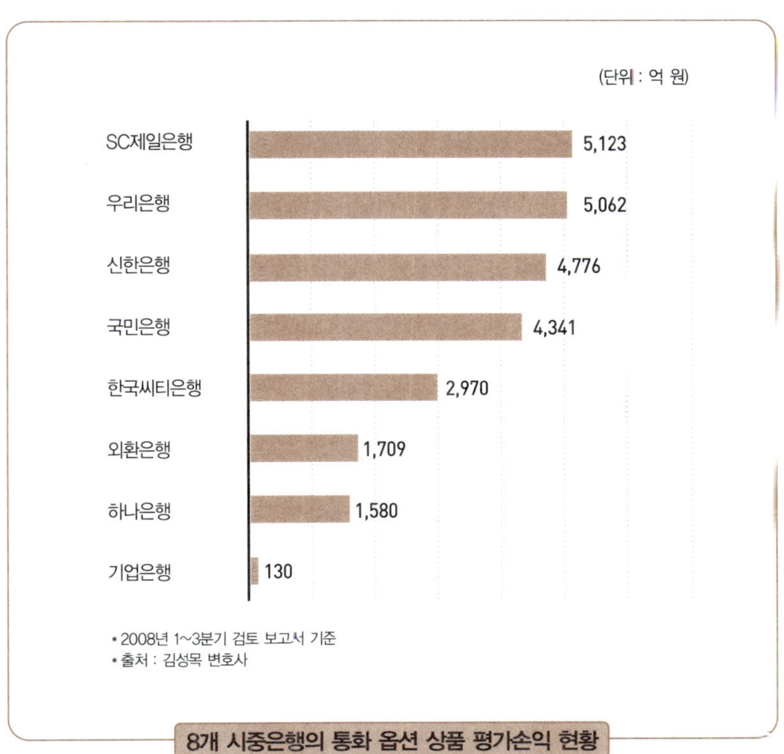

8개 시중은행의 통화 옵션 상품 평가손익 현황

실제로는 계약이 취소되거나 조건이 변경되지 않는 한 이미 발생한 손실은 줄어들지 않는 구조이다.

키코가 환율이 어떻게 변하든 환위험에 완벽히 대응할 수 있는 구조였다면 이런 문제가 발생하지 않았을 것이다. 어이없고 불행한 일이지만 키코는 부분적인 헤지만 가능한 구조를 가졌다. 다시 말해, 환율이 떨어지면 가입한 기업에는 손해될 것이 없지만 오를 경우에는 낭패를 입는 구조이다. 한마디로 반쪽짜리 헤지 상품인데 어떻게 팔렸는지, 아니 어떻게 팔았는지 도무지 이해할 수가 없다. 파생상품에 대해 잘 알지 못한다고 하더라도 이 상품에 대해 조금만 관심을 갖고 알아보면 상식적으로 그 위험을 판단할 수 있는 상품이기 때문이다.

키코 문제, 키코 판매한
은행 책임이 더 크다

그런데 키코가 한때 큰 히트를 쳤던 데에는 몇 가지 이유가 있다. 첫째, 중소기업의 CEO와 CFO의 능력 부족과 욕심을 들 수 있다. 한때 CEO들 사이에서는 키코가 꽤 유행을 탔었다. 키코로 돈을 벌었고, 돈을 벌 수 있다는 것에 공감대가 형성되었던 것이다. 키코 가입 초기만 해도 환율이 뚝뚝 떨어지고 있었고, 한국은행은 환율 방어로 골머리를 앓을 때였다. 환율 하락 추세가 역력했기 때문에 환율 상승은 의심의 여지가 없었다. 영업 외 수익을 쉽게 벌 수 있다는데 마다할 경영자는 없을 것이다. 결국 불로소득 욕심에 화를 자초한 셈이다.

둘째, 제도적 문제이다. 장외 파생상품이라는 한계 때문에 금융감독원의 감시 시스템의 사각지대에 존재하고, 사적 영역의 계약이기 때문에 사전적 감독에 어려움이 있었다. 또 전대미문의 미국발 금융 위기가 결정적이었다.

그러나 무엇보다 무시 못할 책임은 판매한 은행에 있다. 키코로 손실을 입은 한 CEO가 들려준 말에 의하면, 은행은 중소기업에 있어서 의사와 같은 존재라고 했다. 환자가 의사를 의심하지 않듯이 최소한 중소기업에게는 절대적인 존재가 바로 은행인 셈이라는 것이다. 그런 은행이 상품을 권하는데 거절하기 쉽지 않았을 것이다. 또 대출이라는 무기를 앞세워 꺾기 식으로 키코를 권한다면 다른 선택의 여지가 없었을 것이다.

설마 은행이 이런 괴물 같은 상품을 팔 것이라고는 상상조차 하기 힘들었을 것이다. 최소한 은행의 '윤리'와 '실력'을 믿을 수밖에 없었을 것이다. 하지만 불행하게도 은행은 윤리적이지 못했고, 실력 또한 없었다.

역사는 늘 반복되는 법이다. 앞으로도 키코와 같은 불행한 사고는 언제라도 발생할 것이다. 따라서 무엇보다 금융회사를 너무 믿어서도 안 될 것이며, 우리 스스로가 금융 지식에 대해 관심을 갖고 지식을 쌓아야만 할 것이다.

키코란 어떤 상품일까?

키코 KIKO는 '넉인 넉아웃 Knock-In, Knock-Out' 의 준말로 일종의 통화 옵션 상품이다. 통화 옵션은 외화 환율의 변동에 대비하여 외화 자산의 가치를 환율의 변동에 상관없이 일정한 수준으로 고정할 목적으로 취급하는 파생상품이다.

키코는 만기 시 환율 수준에 따라 달라지는 계약 이행 행태를 정하기 위해 환율을 '넉인(지정 환율 상단) 포인트'와 '넉아웃(지정 환율 하단) 포인트', 그리고 '행사가격(환율) 포인트' 세 가지로 구분한다.

최근 문제가 된 키코는 넉아웃 포인트가 가장 낮고, 행사 환율이 중간이고, 넉인 환율을 가장 높게 설정한 구조이다.

- 만기 시 환율이 950원(넉아웃)보다 낮으면, 일반 헤지 상품은 환율 하락에 따른 손실을 보존할 수 있으나, 키코는 계약이 무효화됨에 따라 환율이 하락한 만큼 손실을 입는다. 예컨대 930원이면 달러당 70원(1,000원–930원)의 환헤지 효과(이익)를 볼 수 있는데도 계약이 무효화되어 70원의 손실을 보게 된다.

- 만기 시 환율이 950원(넉아웃)과 1,000원(행사 환율) 사이에 있으면, 기업은 1,000원에 달러를 팔 수 있어서 그 차이만큼 이익을 보게 된다. 예컨대 970원이면 달러당 30원(1,000원–970원) 이익이다.

- 만기 시 환율이 1,000원(행사 환율)과 1,050원(넉인) 사이에 있으면, 기업은 은

행과 옵션 계약을 이행하지 않아도 돼 환율이 오른 만큼 이익을 본다. 예컨대 1,030원이면 행사 환율이 아닌 실제 환율로 달러를 팔아 이익을 보게 된다.

- 만기 시 환율이 1,050원(넉인) 이상이면 기업은 비싼 환율로 달러를 사서 은행에 지불하게 되어 큰 손실을 보게 된다. 예컨대 1,200원이면 행사 환율 1,000원과의 차이인 달러당 200원씩 손해이다. 특히 이 경우 계약금의 두 세 배를 지불하도록 계약이 이루어져 손실은 더욱 커지며, 만기일 이전이라도 장중에 넉아웃이나 넉인을 넘어서면 바로 효력(넉인, 넉아웃)이 발생하게 된다.

FUND
BANK
10000
10000
10000
10000

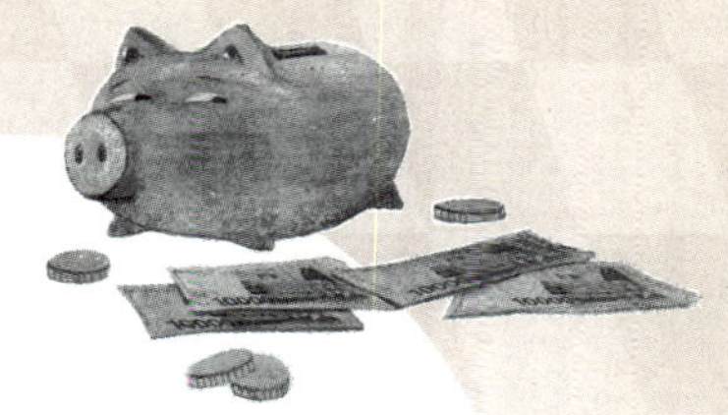

-2장-

보험 믿습니까

: 보험회사도 말하지 않는 '보험의 비밀' :

통장의
고백

보험, 묻지도 따지지도 말라고?

예전에 나는 현대홈쇼핑의 보험상품 방송을 위하 게스트로 출연한 적이 있다. 많은 고민 끝에, 당시 방송 출연을 수락한 이유는 보험상품 이야기는 거론하지 않아도 된다는 말을 들었기 때문이다. 홈쇼핑 방송을 위해 내가 사전에 회사 측에서 요청받은 사항은 복리에 관한 내용과 일반적인 재테크 원칙에 관한 설명을 하는 것이었다. 그런데 방송 당일 거의 1시간 동안 내게 던져진 질문은 보험의 장점에 관한 것이었다. 참으로 당황스럽기 그지없고, 해당 보험상품에 대해 그저 좋은 상품인 양 말해야 하는 내 처지가 부끄러웠다. 결국 출연료 때문에 원치 않은 방송을 선택한 내 자신을 탓할 수밖에 없었다.

유명 연예인 보험 광고에
현혹되지 말라

집에서 휴식을 취할 때면 TV와 함께할 때가 많다. 요즘은 공중파 방송 말고도 케이블 방송 등 채널이 수십 개에 달해 시청자들의 선택 폭이 매우 다양해졌다. 하지만 보고 싶은 프로그램을 찾기 위해 채널을 돌리다 보면 눈에 거슬리는 수많은 광고들을 접하게 된다. 그 대표적인 광고 중에 하나가 바로 보험 광고가 아닐 듯싶다. 보험 광고 대부분은 참으로 어이없고, 너무 자극적이다.

무엇보다 보험 광고에 출연하는 모델들의 면면을 살펴보면 참으로 놀라지 않을 수가 없다. 이순재, 손범수, 정은아 등 상당히 유명하면서도 인지도 있는 모델들이기 때문이다. 심지어 이순재 씨는 "아무것도 묻지도 않고 따지지도 않는"이라는 광고 문구를 말하며 보험상품을 광고하고 있다. 이 말이 얼마나 자극적이었으면 개그 프로그램의 한 코너에서 이 말을 그대로 모방하여 반복적으로 말하며 개그 소재로 회화화했겠는가? 실제로 그 코너에서 모 개그맨이 이순재 씨의 말투를 흉내 내면 관객들은 박장대소하며 즐거워하고 나 또한 그러하다.

하지만 내가 이순재 씨와 조금이라도 인연이 닿아 있다면 당장 그 광고를 그만두라고 말해 주고 싶다. 지금 당신이 광고하고 있는 그 보험이 얼마나 형편없는 상품인지 알고 있느냐고 말이다. 이순재 씨가 그 보험 모델로 발탁된 데에는 평소 훌륭하고 존경스러운 어른의 이미지를 갖고 있기 때문일 것이다. 그뿐만 아니다. 정은아, 손범수 씨도 마찬가지이다. 이들 또한 정말 존경스러울 정도로 방송을 잘하는 방송인으로 알려져 있기 때문이다. 그런데 왜 굳이 보험상품을 광고하고 있는가?

물론 그들에게 어떤 개인적인 사정이 있을 것이고, 보험 전문가가 아니기 때문에 그 상품에 대해 잘 알지 못해서 그런 선택을 했을 수도 있다.

하지만 중요한 것은 결과적으로 이들 유명 방송인들은 자신의 이미지를 팔아 보험 광고를 하고 있다는 점이고, 그로 인해 일반 대중들이 현혹될 수 있다는 점이다.

더욱 심각한 것은 보험 자체가 기본적으로 많은 문제를 갖고 있는 금융상품이라 방송에 적합하지 않은데다가, 그들이 광고하고 있는 보험상품은 전문가들 사이에서 좀더 문제가 있는 상품이라는 평을 받고 있는 상품이라는 점이다.

연예인을 등장시키는 보험 광고만 지나친 것은 아니다. 예전에 어떤 보험상품 광고는 광고만 봐도 화가 치밀 만큼 문제가 심각했다. 누구나 한 번쯤은 봤을 법한 그 보험 광고는 "10억을 받았습니다"라는 문구로 사람들을 현혹시키고 있었다. 사실 그 보험 광고의 내용대로라면 광고의 분위기는 슬프고 애도하는 분위기여야 마땅했다.

하지만 남편이 죽었는데도, 유가족들은 보험금을 받아 편안하고 아늑하며 심지어 행복한 분위기마저 풍겼다. 광고 속의 미망인과 유가족의 얼굴에서는 조금의 슬픔도 찾아볼 수 없었다. 이는 결과적으로 사람의 목숨을 경시하고, 또한 사람의 목숨과 슬픔을 갖고 장사하는 것과 무엇이 다르다는 말인가?

이 보험 광고에 대한 비판은 내 개인적인 생각만은 아니었다. 실제로 이 광고는 당시 많은 대중과 네티즌 사이에서 뭇매를 맞았던 광고이다.

아무튼 그 보험 광고는 히트했고, 해당 보험회사의 종신보험 판매에 상당한 기여를 했을 것이다.

그러나 실제로 그 보험상품의 경우 10억의 보험료를 받기 위해 얼마의 보험료를 내야 하는지 알고 있는가? 무려 그 액수가 월 150만 원에 이른다고 한다. 대부분의 서민들에게는 실로 턱도 없는 보험료가 아닌가?

그리고 무엇보다 그 광고의 실제 모델인 유가족들은 광고를 보고 얼마나 마음이 아팠을까? 유가족들은 자신들이 허락한 보험 광고가 이런 식의 광고일 줄은 전혀 몰랐을 것이다.

금융상품은 자체로 매력이 있으면 결국 알려지기 마련이다. 이런 소위 막장 광고는 보험의 문제점을 스스로 인정하고 있는 것이나 다름없으며, 사람들을 끌어들이기 위한 속셈이라는 점을 알아야 한다.

보험 광고
반드시 규제 강화해야

최근 중앙대 허연 교수는 '우리나라와 선진국의 보험 광고와 판매 윤리 비교'라는 보고서를 발표한 바 있는데, 그의 이야기를 요약하여 인용하면 다음과 같다.

보험상품 판매 광고에 출연해 가입을 권유하는 연예인이나 쇼호스트, 모집인은 대리점, 모집인 같은 판매인 자격을 갖춰야 한다. 미국 텍사스 주의 경우 연예인이 등장하는 광고는 유료 광고라는 점을 표시해야 하고, 판매인 자격이 없으면 가입을 권할 수 없다. 특히 홈쇼핑 방송은 시간 부족과 매출 목표 달성에 대한 부담 때문에 과장될 소지가 많고, 그 결과 불완전 판매로 이어지기 쉽다. 실제로 '최고 보장', '최저 보험료', '유일한 보험', '넉넉한 보장', '딱 한 방에 해결', '단돈 2만 원'과 같이 자극적인 광고 문구가 너무 많다. 보험금을 같이 받아 치료비를 내고도 몇 천만 원이 남는다거나, 묻지도 따지지도 않는다는 등 보험금을 노리고 가입하게 하도록 유도하는 표현도 많다. 심지어 가입 후 2년이 지나서 자살하고 보험금을 받으라는 등의 비윤리적 표현과 당장 보험에 가입하지 않으면 중병에 걸려 어마어마한 비용이 들어간다는 등의 협박성 문구도 서슴지 않는다. 우리나라는 홈쇼핑에서 보험을 판매하는 사실상 유일한 나라이다. 홈쇼핑은 보험회사 대리점인지, 단순히 방송 시간을 판매하는 방송사인지를 분명히 밝혀 책임 소재를 확실히 해야 한다.

참으로 공감이 가는 주장이 아닐 수 없다. 현재 말도 안 되는 보험 광고들이 판을 치고 있는 이유는 보험 광고에 대한 규제, 감독 체계가 구체적이지 않기 때문일 것이다. 그리고 무엇보다 보험회사의 CEO들이 월납 초회 보험료 등 실적 달성에 눈이 멀어 광고 윤리가 뒷전으로 밀려나 있는 것이 큰 문제이다.

또한 방송 특성상 시청자의 눈길을 끄는 장점만 강조하고 보장 금액을 과대 포장하는 데 반해, 유의 사항은 작게 표기하거나 단점은 언급조차 하지 않는 불완전 판매 가능성이 높은 점도 규제 사항으로 고려해야 한다.

보험회사는 광고에 임할 때 회사 본연의 역할을 상기할 필요가 있다. 한 사람과 한 가정의 불행(사고, 질병, 사망 등)에 대한 최소한의 보장 역할을 이행하겠다는 약속이면 충분하지 않겠는가? 그 이상은 지나치며, 이런 과대광고를 하는 보험회사는 사기일 수도 있다는 점을 의심해 봐야 한다.

노후 자금으로
10억이 필요하다고?

몇 하 전부터인가 직장인의 이상적인 노후 자금으로 8억이 필요하다느니 10억은 되어야 한다느니 호들갑을 떨며, 그만한 은퇴 자금을 준비하지 못하면 마치 불행한 노후를 맞게 될 것인 양 과열된 보도가 양산되고 있다.

그 논란의 중심은 바로 노후 자금의 액수에 관한 것인데, 이에 관한 기사를 거슬러 올라가보면 보험회사들이 발표한 보고서에서 기인한다고 해도 과언이 아니다.

여기서는 보험회사들이 발표하는 이 같은 노후 자금이 진정 타당한 금액인지, 그리고 노후 자금의 적정 규모는 어느 정도면 되는지 알아보고자 한다.

보험회사의
노후 자금 뻥튀기 의혹

2005년 삼성생명은 도발적인 한 보고서에서 중산층의 노후 자금으로 7억 812만 원이 필요하고, 여유로운 노후 생활을 위해서는 13억 3,048만 원이 필요하다고 발표했다. 이는 60세에 은퇴한 뒤 20년 동안 노후 생활을 한다는 가정 하에 계산된 것이다.

같은 해 교보생명도 비슷한 수준의 노후 자금이 필요할 것이라고 발표한 바 있다. 즉 두 자녀를 둔 41세 가장이 55세에 은퇴한 뒤 85세까지 30년을 생활한다고 가정할 때, 필요한 '최소' 노후 자금은 11억 원에 달한다고 했다.

또한 2006년 삼성생명 FP센터는 풍요로운 은퇴 자금으로 연간 5,594만 원이 필요하다고 발표하여, 이 발언이 문제가 돼 대한은퇴자협회KARP로부터 사과문을 게재할 것을 요청받기도 했다.

여기서 문제는 상식적으로 이해가 되지 않는 수준의 노후 자금 액수를 너무 쉽게 이야기하고 있다는 점이다. 특히 연 5,594만 원은 월 466만 원이라는 계산이 나오는데, 이는 매우 지나친 액수라고 할 수 있다. 2009년 현재 우리나라 가계의 월평균 수입이 320만 원 정도로 추산되고 있는데, 월 466만 원은 너무 과장된 면이 있다.

이 같은 과장된 노후 자금과 관련하여 2006년 당시 KARP가 발표한 성명문의 내용을 요약, 인용하면 다음과 같다.

통계청이 발표한 2006년 1/4분기 월평균 가계수지 기본 생활비를 연간 2,722만 원이라고 가정했으나, 이것은 우리 사회 전 연령대의 평균 부부 가구 생활비이다. 통계청은 이미 2006년 고령자 통계를 통해 노년 부부 가구의 소득이 116만 원이며, 가계 지출은 113만 원으로 3만 원 정도의 흑자를 내고 있다고 밝혔다. 노년 가구의 기초 생활비 자료조차 모르는 FP의 수치는 전문성을 가장한 영업 술책이며 다분히 상업적 계산이 포함돼 있다. KARP는 일부 지각없는 생보사 FP들의 은퇴 자금 숫자놀음이 사회 불안을 조성하고 있음을 자각하고 사과문 게재를 요구하며, 잘못된 발표를 조사 없이 그대로 인용한 언론사의 정정 보도를 요구한다.

노후 자금 3억 원 정도면 적정하다

한편 그룹 내에 보험 계열사가 없는 LG경제연구원의 경우, 2006년 보험회사들과 다른 내용의 보고서를 발표했는데 이는 매우 주목할 만한 일이라고 할 수 있다. 동 연구원의 이철용 책임연구원은 이 보고서에서 "노후 자금은 4억~5억 원이면 충분하다"고 밝혔다. 그는 최근에 발표된 노후 대비를 위한 필요 자금이 과장된 면이 없지 않다면서, 이는 고객들의 노후 불안감을 자극하기 위한 금융회사들의 마케팅 전략과 관련 있다고 주장하였다. 그리고 같은 해 '노후 자금 부담 미국, 일본보다 크지 않다' 라는 또 다른 보고서에서 한국 고령 가구의 연평균 지출(2004년 기준)은 1,464만 원(2인 기준)이라는 구체적인 수치를 제시한 바 있다.

내가 생각하는 노후 대비 자금은 현재가치 기준으로 3억 원 정도면 적정하다고 본다. 사실 현재의 평균적인 지출과 삶을 가정해 볼 때 3억 원이라는 액수도 결코 적지 않은 자금이다. 최근 통계를 살펴보면, 2인 가족의 월평균 생활비는 100만 원 안팎에 머물고 있다. 노후에 자녀 교육비가 없고, 대출이자가 없다면 이 정도의 노후 자금으로도 생활할 수 있다.

그리고 별도로 마련한 노후 자금 외에, 경제활동을 한 사람이라면 국민연금이라는 노후 자금원이 발생한다는 사실도 기억할 필요가 있다. 실제로 국민연금 홈페이지www.nps.or.kr에 들어가면 예상 수령 금액을 파악해 볼 수도 있는데, 이외에도 많은 정보를 얻을 수 있으니 한번 들러볼 것을 권한다.

현재 보험회사의 노후 자금 뻥튀기 발표로 인한 심리적인 피해가 만만치 않다고 생각된다. 나는 여러 기업체의 직원들을 대상으로 자산 관리 강의를 맡고 있는데, 본격적인 강의에 앞서 수강생들에게 노후 자금의 적정 규모를 물어보면 수강생들의 표정이 금세 어두워지는 것을 느낄 수 있다. 그리고 몇몇 적극적인 수강생들이 20억, 30억 하며 큰 고민 없이 답하곤 한다. 이에 왜 그렇게 생각하느냐고 물으면, 신문에서 그렇게 보도된 것을 봤다고 한다.

이런 심리적 측면에서의 위축감 같은 피해 말고도, 실제로 피해 사례가 발생하고 있기도 하다.

LG그룹에 다니는 어느 미혼 직장인의 경우는 무려 월급의 절반이 넘는 150만 원을 변액유니버설보험에 불입하고 있는데, 그 상품을 가입하게 된 동기가 재무설계자에게 상담을 받고 난 후 충격을 받았기 때문이라고 한다. 또 어떤 수강생은 엄청난 노후 자금 규모에 질려버려 아예 노후 자금을 준비하는 것을 포기하고 싶다고 말했고, 또 다른 수강생은 빤한 수입으로 노후 자금 준비가 어렵다고 판단해 자신의 형편에 무리이긴 하지만 주식투자를 하고 있다고 했다. 나의 지인 가운데 한 분은 상당한 자산과 퇴직금을 보유하고 있음에도 노후가 걱정된다며 상담을 요청하기도 했다. 그는 나와 두 시간에 걸쳐 상담을 하고 나서야 비로소 안심이 되는 듯했다.

노후 자금 준비는 연금저축으로

우리나라의 현실을 직시해 볼 때 대부분의 사람들에게 노후 준비라는 것은 사치에 가까운 일일지도 모른다. 당장 자녀 교육, 내 집 마련 등 발등에 떨어진 불을 끄는 것도 버겁기 때문이다. 물론 노후 준비는 빨리 시작할수록 유리하다. 그러나 많은 사람들이 왜 보험 이외에는 대안이 없다고 생각하는지

묻고 싶다. 노후 준비를 위해 연금저축, 퇴직연금, 국민연금 등 많은 대안들이 있음을 기억할 필요가 있다.

보험회사와 재무설계자들은 각성해야만 한다. 두려움을 조성하는 이 같은 공포 마케팅으로 보험상품을 판매하는 것을 그만두어야 한다. 그토록 보험상품에 자신이 없는가? 사업비를 대폭 낮춰 합리적인 보험료를 제시한다면 그렇게 힘겹게 영업을 하지 않아도 될 것이 아닌가? 이런 영업 관행을 없애지 않으면, 결국 언젠가는 보험에 대한 부정적인 영향을 고스란히 보험회사 자신이 떠안게 될 날이 올 것이다.

03

보험회사 사업비 바가지에 계약자만 낭패

보험회사에게 있어 '사업비'는 눈먼 돈이나 다름 바 없는 노다지이겠지만, 보험 계약자에게는 실로 피눈물을 쏟게 하는 불합리한 관행이 아닐 수 없다. 그럼 보험료에 포함되어 있는 사업비에는 어떤 진실이 숨어 있는지 자세히 살펴보도록 하자.

보험회사 사업비의 비밀

보험회사의 사업비란, 보험 계약자가 납입하는 보험료에서 보험 모집인 수당과 계약 유지비, 마케팅

비용 등의 재원으로 쓰이는 비용을 말한다. 한마디로 사업비가 보험 회사를 운영하는 기본적인 수익이라고 해도 과언이 아니다.

사업비에는 예정신계약비, 예정유지비, 예정수금비 세 가지 항목이 포함된다.

여기서 의아한 것은 '수금비'라는 항목이 아직까지도 남아 있다는 점이다. 요즘은 거의 자동 이체를 통해 보험료를 내는 것이 일반화되어 있는데도 말이다. 수금비는 과거 보험설계사가 보험료를 수금하러 가가호호 방문하던 시절부터 내려오던 항목으로 그야말로 구시대적인 관행이 아닐 수 없다.

이 같은 보험회사의 사업비는 통상 보험료 대비 적게는 7%에서 많게는 35%까지 부과(예정사업비)하여, 이 금액 중 70~130%까지 보험회사가 사용(실제사업비)하고 있다.

예를 들어 어떤 사람이 사업비 20%의 저축성 보험에 가입했다고 하자. 보통 대부분의 계약자들은 원금 100% 모두 다 저축이나 투자에 투입된다고 생각하지만 실상은 전혀 그렇지 않다. 결과적으로 사업비를 제외한 80% 이하의 적은 금액(순보험료 등 기타 비용도 있음)이 투입된다는 말이다.

보험과 경쟁 상품이라 할 수 있는 예금 및 적금, 펀드의 경우 원금 100% 모두 다 투입되는 것과 비교하면 보험은 가입자에게 너무 손해라고 생각되지 않는가?

보험회사의 수익에 가장 영향을 주는 요소가 바로 사업비이기 때문에 회사는 사업비에 대한 내용을 공개하지 않고 있다.

따라서 보험 계약자들은 자신이 불입하는 보험료에서 얼마가 차감되고 얼마가 투입되는지 알 길이 없다. 한마디로 사업비는 눈먼 돈인 셈이다. 그래서 보험회사는 최대한 사업비를 많이 부과하는 경향이 있고, 이는 결국 엄청난 사업비차이익(예정사업비와 실제사업비 간의 차익으로, 예정사업비가 높게 책정되면 사업비차이익도 그만큼 커져 이는 보험료 인상 요인으로 작용한다)을 발생시킨다.

과다 책정되고 있는
보험회사의 사업비

사업비에 관한 구체적인 자료들을 토대로 보험회사의 사업비 규모를 자세히 살펴보도록 하자. 우선 보험과 관련하여 알아두면 도움이 되는 단체들을 소개하면, 보험소비자협회www.cafe.daum.net/bosohub와 보험소비자연맹www.kicf.org을 꼽을 수 있다. 후자의 경우 통상 '보소연'이라고 칭하는데, 이곳에서는 보험에 관한 정보와 뉴스, 분쟁 사례 등 각종 자료들을 검색할 수 있어 보험 가입자들에게 유용한 곳이다.

보소연에서 작성한 '생명보험사의 사업비 집행 현황' 자료를 인용하면 다음과 같다.

(FY2008 기준 : 2008년 4월 1일~2009년 3월 31일)

구분	수입보험료(1)	예정사업비	실제사업비(2)	사업비율[(2)/(1)]
뉴욕생명	658억	267억	335억	51.0%
라이나생명	1,916억	974억	655억	34.2%
푸르덴셜생명	3,275억	837억	714억	21.8%
외국사계	3조 901억	7,392억	5,938억	19.2%
국내사계	13조 9,885억	2조 6,059억	2조 3,904억	17.1%
생보사 전체	34조 5,954억	6조 7,392억	6조 133억	17.4%

* 출처 : 보소연(금융감독원, 보험개발원 통계월보 참조)
* 수입보험료란 보험 가입자가 낸 총보험료 합계를 말하며, 이는 보험회사의 매출액에 해당된다.

생명보험사의 사업비 집행 현황

위의 표에서 보듯이, 보험회사의 사업비 규모가 실로 엄청나다는 것을 알 수 있다. 2008 회계연도에 생명보험사(이하 '생보사') 전체 평균 사업비율이 무려 17.4%에 달했고, 특히 외국사계는 19.2%로 나타났다. 대략 짐작은 하고 있었지만, 실제로 이렇게 많은 사업비를 떼고 있다는 사실이 믿겨지지 않을 뿐이다. 사업비에 관련된 잡음이 계속 있어 왔고, 따라서 금융감독원의 지도가 이루어지고 있는 줄 알았는데 시늉에 그친 단속이었음을 알 수 있다.

국내 생보사들은 2008 회계연도 한 해 동안 약 14조 원의 수입보험료 중 2조 3,904억 원을 사업비로 사용해 수입보험료 대비

17.1%를 집행한 것으로 나타났다. 반면에 외국사는 3조 901억 원의 수입보험료를 거둬들여 이 중 5,938억 원을 사업비로 사용해 수입 보험료 대비 19.2%를 집행하였다. 특히 뉴욕생명, 라이나생명, 푸르덴셜생명 외국 3사의 경우는 집행비율 1~3위로 사업비 남용이 의심된다.

보험회사들이 예정사업비로 과다 책정한 뒤 실제로 집행되지 않은 돈, 즉 보험회사의 사업비차이익도 큰 문제이다. 이는 2008년 한 해 동안만 2조 원이 넘었고, 2001년부터 지난 8년 동안에는 무려 18조 원에 달하는 사업비차이익을 거뒀다. 실로 천문학적인 금액이 아닐 수 없다.

보험 관계자들은 사업비차이익에 대해 보험이 장기 상품이기 때문에 한 해의 사업비차이익이 모두 보험회사의 수익이 되는 것은 아니라고 말한다. 그러나 매년 수조 원의 사업비차이익이 발생하는 것은 기본적으로 사업비가 과다 책정되었고 그만큼 보험료가 부풀려 있다는 결론에 이르게 된다.

보험회사와 국민건강보험공단의 사업비를 비교해 보면 보험회사의 행태가 얼마나 부당한지 더욱 잘 알 수 있다. 물론 조직의 성격상 직접적인 비교가 어려운 면도 있지만 보험업계의 큰 흐름을 읽는 데는 무리가 없다고 생각된다. 보험회사에 사업비가 있다면 국민건강보험공단에는 관리운영비라는 비용이 있다. 관리운영비는 인건비와 경비로 구성되는데, 대체로 4% 안팎에 그치고 있어 17%가 넘는 보험회사의 사업비와 큰 대비를 이룬다. 다시 말해 보험회사의 경우 4배가 넘는 비용을 지출하고 있는데, 이는 영업비와 광고비를 그만큼 많이 지출하고 있다는 얘기이다.

$$관리운영비율(또는\ 사업비율)\ =\ \frac{관리운영비(또는\ 사업비)}{보험료수입액} \times 100$$

이와 같이 사업비 논란이 일자, 금융감독원은 2010년부터 보험 상품별로 사업비 규모를 공시하도록 의무화할 방침이라고 하는데 얼마나 잘 실행될지 의문이다. 2003년에 금융감독원은 보험회사의 사업비 공개와 유배당 상품 판매를 유도한다고 약속했지만, 이에 대해 현재까지 그 어떤 실질적인 조치도 행한 것이 없기 때문이다.

사업비뿐만 아니라 배당 문제도 큰 문제가 아닐 수 없다. 사업비 차이익 등의 이익이 발생하면 유배당 상품의 경우는 이익의 90%를 보험 계약자에게 배당해야 하는 것에 반해, 무배당 상품은 배당이 전혀 없기 때문이다. 예전에는 유배당 상품을 많이 접할 수 있었지만, 최근에는 거의 무배당 상품 위주로 판매가 이루어지고 있는 실정이다. 결국 보험 계약자의 돈이 보험회사의 주머니로 들어가고 있는 셈이다.

보소연이 주장하는 것처럼 금융감독원은 금융 수요자를 보호한다는 설립 목적을 상기하고, 보험회사를 위한 금융감독원이 아닌 소비자를 위한 금융감독원으로 거듭나야 마땅하다.

독립 보험 대리점^{GA}의 급성장

내가 일하고 있는 사무실은 광화문에 위치해 있다. 우리 사무실 규모는 그리 크지 않지만 임대료는 매우 비싼 편이다. 현재 월 200만 원에 가까운 운영비를 내고 있는데 상당히 부담스러운 수준이다. 하지만 인근 빌딩의 임대료 수준과 비교해 볼 때, 우리 사무실이 입주한 빌딩의 임대료는 그나마 덜 비싼 편이다. 인근의 서울파이낸스센터, 코오롱빌딩 등의 임대료는 상당히 비싸기 때문이다. 우리 사무실이 입주한 빌딩의 평당 임대료보다 인근의 그 빌딩들이 대략 1.5배 이상 비싼 것으로 알고 있다.

그렇게 비싼 빌딩들에 200평, 심지어는 한 층 전체를 임대한 독립 보험 대리점(GA, General Agency : 독립 보험 대리점으로, 한 보험회사에 종속되지 않고 여러 보험회사와의 제휴를 통해 보험상품을 파는 영업 형태)들이 상주해 있다. 내가 알기로는 보증금 2억 원에 월 임대료만 2,000만 원을 내야 하는 곳도 있다. 참으로 어마어마한 비용을 지불하고 사무실을 사용하고 있는 것이다.

놀라운 것은 그렇게 많은 비용을 내고서도 그 GA들은 흑자를 내고 있으며, 많게는 몇 억 원의 흑자를 내고 있다는 사실이다.

그러나 일종의 판매 전문 조직인 GA의 대주주들이 통상 그런 큰돈을 갖고 사업을 시작하지는 않는다고 한다.

그럼 그 돈은 과연 누구 돈일까? 바로 GA가 팔아주는 보험상품의 보험회사가 대신 내주는 것이다. 예를 들어 '가보험회사'가 '나GA'에 속해 있다고 가정해 보자. 이때 가보험회사는 시내 중심에 있는 좋은 빌딩, 주로 랜드마크 빌딩에 넓은 사무실을 임대해서 나GA에 제공한다. 사실 GA 사무실을 굳이 비싼 빌딩에 임대할 이유는 없다. 왜냐하면 GA들은 외부 영업을 주로 하므로 고객들이 직접 사무실에 찾아올 일은 별로 없기 때문이다.

이렇게 좋은 빌딩의 멋진 인테리어를 갖춘 사무실에서 재무설계자들은 열심히 보험을 판매한다. 이때 보험 영업이 잘되면 물론 아무런 문제가 없다. 임대료 등 영업상 발생하는 비용을 채우고도 남으면 GA의 이익이 된다.

그러나 보험 영업이 잘 안 되거나 조직 관리가 안 되면 상황은 곤란해진다. 그런 경우 GA의 몫에서 그만큼을 차감하기 때문이다. 그리고 실적이 더욱 안 좋으면 결국 사무실을 빼야 한다. 이런 식으로 GA 소속 재무설계자들은 또 다른 GA로 옮겨간다.

그럼 최근에 성행하고 있는 '자산검진 캠페인'이란 도대체 무엇일까? 일반 투자자들의 재무 상태를 무료로 점검해 주고, 1:1 컨설팅을 해준다고 하는 자산관리 회사들은 과연 어떤 회사일까?

다름 아닌 이런 회사들이 바로 GA이다. 자산검진 캠페인은 일종의 보험 마케팅의 한 전략인 것이다.

여기서 내가 말하고자 하는 바는, 결국 우리가 내는 보험료의 사업비에서 임대료도 내고, 관리비도 낸다는 점이다. 또 재무설계자의 수당도, 보험회사의 수익도 우리의 보험료에서 빠져나가는 것이다. 그런 비용이 많아질수록 사업비는 올라가고, 보험료는 비싸지는 것이다.

이런 고비용 구조의 영업 관행은 시급히 개선되어야만 한다. 경제적이고 합리적으로 GA를 운영한다면 적정 수준의 보험료를 책정할 수 있을 것이다.

현재 GA의 규모와 영향력은 점점 커지고 있고, 조만간 제1의 보험 판매 채널이 될 것으로 보인다.

게다가 GA들이 수익 다변화를 위해 다양한 금융상품을 판매하고자 시도하고 있으며, 금융회사들과 업무 제휴를 맺고 점점 더 경쟁적이고 조직적으로 움직이고 있는 실정이다.

이런 현실에 비추어볼 때, 과연 보험은 누구를 위해 존재하는 것인가 하는 의문이 든다.

04

고리채 못지않은 보험 약관대출

살다보면 누구나 많은 일들을 겪게 되고, 때문에 급하게 돈이 필요한 경우가 생기기 마련이다. 이럴 때 여러분은 어떻게 돈을 마련하는가?

여윳돈이 없다면, 우선 예금이나 적금을 깨는 것이 순서일 것이다. 그리고 현금화할 수 있는 자산이 부족하다면 아파트 담보대출 등 담보대출을 받을 것이다.

이 같은 담보대출 중에서 가장 마지막으로 선택할 수 있는 대안이 보험 약관대출(보험 계약대출)일 것이다.

내가 낸 보험료를 빌려 쓰는 데
이자만 11%라고?

보험 약관대출은 여러 가지 문제점을 내포하고 있으드로 대출 선택 시 신중하게 생각하고 주의를 기울여야 한다. 일단, 금리(빌려준 돈이나 예금 따위에 붙는 이자)가 너무 높다. 가입자 자신이 낸 보험료를 담보로 하여 보험회사가 빌려주는 것임에도 금리가 최고 연 11%가 넘고 있는 실정이다. 게다가 약관대출의 연체이자는 연 19% 수준으로 신용카드 현금 서비스 금리 수준만큼 높다.

나는 예전에 피치 곳할 사정으로 보험 약관대출을 받은 적이 있다. 10여 년 전에 가입했던 종신보험(예정 이자율 7.5%)의 약관대출을 받았었는데 금리가 연 9.5%였다. 대출의 가산금리가 2%에 달해 당시 놀랐던 기억이 생생하다.

그렇다면 은행의 경우는 어떨까? 대체로 은행들은 예금 및 적금의 담보대출을 해줄 때 창구에서는 '수신금리+1.5%포인트', 인터넷에서는 '수신금리+1.3%포인트' 수준의 금리로 받을 수 있다. 즉 대출 금리는 연 5% 정도 수준이다.

그런데 보험회사들은 대출 가산금리만 해도 1.5~3%에 달한다. 금융감독원의 요청에 의해 다소 낮추는 시늉을 보이고는 있지만, 여전히 은행 등의 금융기관에 비하면 바가지 대출 금리를 부과하고 있다.

보험 약관대출은
보험회사의 효자 상품

금융감독원에 따르면, 2009년 7월 말 현재 전체 22개 생명보험사의 약관대출 금액은 총 28조 8,716억 원으로 전년 같은 기간의 27조 1,534억 원에 비해 1조 7,182억 원이 증가한 것으로 나타났다. 약관대출 금리가 연 8~10% 수준임을 감안하면 생보사들은 연간 3조 원에 가까운 대출이자를 챙기고 있는 셈이다. 생보사 입장에서는 실로 엄청난 부수입을 챙기고 있는 것이다.

보험회사의 수신금리(예정 이자율)가 은행의 수신금리보다 다소 높기 때문에 보험의 담보대출 금리가 높을 수밖에 없는 것은 이해한다. 하지만 은행의 예금 및 적금은 사업비도 없고, 중도 해약해도 원금을 100% 받을 수 있다.

반면에 보험은 무려 10% 안팎의 사업비를 내야 하고, 해약할 경우 쥐꼬리만한 해약환급금밖에 받을 수 없는데도 연 10%에 달하는 과도한 대출이자까지 내야 하는 것은 가입자에게 너무 불합리한 일이 아닐 수 없다.

보험 약관대출은 해약환급금의 80~90%를 보험 계약자가 대출받는 것인데, 가입 보험의 예정 이자율에다 1.5~3%의 대출 가산금리를 부과한다. 더욱이 대출금 상환이 연체될 경우에는 최고 연 19%의 높은 연체이자를 물어야 한다. 만약에 연체이자마저 갚지 못

하면 남아 있는 해약환급금이 없어질 때까지 차감해 버린다. 그리고
차감할 해약환급금이 없게 되면 자동으로 보험 계약은 해약 처리되
어 버린다.

실제로 연체이자 때문에 보험 계약이 해약되어 이렇다 할 보상
을 받지 못하는 사례가 종종 발생하고 있기도 하다. 보험 약관대출
은 계약자가 연체하면 보험 계약 건으로 상계 처리하기 때문에 보험
회사 입장에서는 100% 상환받을 수 있는 초우량 대출이다. 대출 회
수도 쉽고 대출 원금을 떼일 염려가 전혀 없기 때문이다. 그래서 보
험회사들은 다른 금융기관과 달리 연체 관리에 소극적이다.

보험상품 중에 해약환급금 범위 내에서 자유로운 입출금이 가능
한 '유니버설보험'이란 상품이 있기는 하다. 그러나 이 상품도 인출
금액의 0.1~0.5%가량을 수수료로 받는다. 사실 약관대출을 받으려
고 하는 것 자체가 옳은 결정이 아니며, 대출을 받으려 보험에 가입
하는 것은 더더욱 어리석은 일이라는 점을 기억해야 한다. 기존 보
험상품을 유니버설보험으로 전환해 주었으면 하는 바람이 있지만,
보험회사 측에서 이런 땅 짚고 헤엄치는 대박 장사를 포기할 리는
결코 없을 것이다.

05

보험 유지 제도의
두 얼굴

경제 위기의 여파로 특히 서민들의 주머니 사정이 팍팍해지면서 최근 몇 년 사이 보험을 해약하는 이른바 생계형 보험 해약이 급증했다고 한다. 원금을 손실하게 된다는 것을 잘 알면서도, 가계 지출을 줄이고 이후 납입에 대한 부담감이 크기 때문에 어쩔 수 없이 보험을 해약하게 된 것이다.

이에 보험회사들은 가입자가 형편상 보험료를 내지 못할 경우 보험 계약의 해약 사례를 줄이기 위해 기존의 보험 계약을 유지할 수 있는 제도를 운영하고 있다. 여기서는 이 같은 보험회사의 보험 계약 유지 제도가 진정 보험 가입자들을 위해 운영되고 있는지 자세히 살펴보고자 한다.

보험 계약 유지 제도
과연 믿을 만한가

여러 가지 피치 못할 개인적인 사정으로 보험을 해약하기 위해 보험설계사에게 전화하면, 십중팔구 그들로부터 조언을 듣게 되는 것이 보험 약관대출이다. 앞서 살펴보았듯이 약관대출은 해약환급금의 범위 내에서 대출받는 것으로, 그 상품의 예정 이자율에 1.5~3% 가산금리를 추가한 대출이자를 내야 하는 부담이 있다. 이 경우 계속 보험료를 납입해야 하고, 보증금액과 보험 기간은 동일하게 유지되는 장점은 있다. 그러나 약관대출은 보험회사에 이중으로 이익을 안겨주고 가입자에게는 독이 되는 제도라고 전술한 바 있다.

한편 소득의 단절 등으로 보험료를 제때에 내기 곤란할 경우, 보험상품의 해약환급금 범위 내에서 납입할 보험료를 자동적으로 대출하여 처리해 주는 '보험료 자동대출납입' 제도도 있다. 그러나 이 제도는 보험 계약대출로 보험료에 해당하는 금액만 자동 납입되는 방법으로, 긴급 자금이 필요한 사람들에게는 도움이 되지 않는 방법이다. 다만, 보험료를 내기에 형편이 빠듯하거나, 거액의 보험료를 내야 하는데 당장 불입할 형편이 안 되는 계약자에게는 도움이 될 수 있다.

이 같은 약관대출과 보험료 자동대출납입 제도 이외에 흔히 보험설계사들로부터 권유받는 것이 '감액완납'과 '연장정기보험' 제

도이다. 보험회사는 이 제도들이 보험을 해약하지 않고 어느 정도의
보장을 받을 수 있는 유용한 방법이라고 권하고 있다. 그러나 과연
그럴까?

감액완납, 연장정기보험 제도도
결국 해약이다

감액완납 제도는 원래 계약했던
보장 금액을 감액해서 보험을 계속 유지하는 제도로, 한마디로 매달
내는 보험료를 줄이는 방식이다. 예를 들어 매달 30만 원씩 보험료
를 납입하고 있다면 15만 원 등으로 줄이는 방식이다. 이 제도는 보
험료만 줄이는 것이고, 보험 기간은 동일하게 유지된다. 이때 보장
금액은 감액된 보험료 비율만큼 줄어든다.

이 예에서처럼 보험료를 50% 감액하면 보장 금액도 절반으로
줄게 되는 것이다.

감액완납 제도는 주로 종신보험 가입자들이 활용하는 경향이 있
는데, 결과적으로 줄어든 보장 금액이 미래에 얼마나 도움이 될 수
있을지는 의문이다. 주계약이 1억 원에서 5,000만 원으로 감소한다
고 보면, 지금 당장은 큰돈이라고 여겨지겠지만 10년, 20년 후에 받
아서 생계비로 사용한다고 생각해 볼 때 그만큼의 큰돈이라고 판단
되지는 않는다.

그렇다면 연장정기보험 제도는 어떨까? 이 제도는 보장 금액은 그대로 유지하면서 보험 기간을 단축시키는 방식이다. 예를 들어 10년 보장 기간의 보험을 5년으로 단축시키거나, 사망할 때까지 보장되는 상품을 60세까지만 보장받는 식으로 단축하는 것이다. 이 제도는 보장 금액이 그대로 유지된다는 장점이 있지만, 확 줄어든 보장 기간의 공백이 참 크게 느껴질 법하다.

앞의 상황의 경우 5년 뒤에 보험이 필요하여 또 다른 보험을 가입하려고 한다면, 더 비싼 보험료를 내고 가입해야 하는 상황이 예상된다.

요약하건대 감액완납과 연장정기보험 제도는 보험료를 내지 않아도 되는 점에서는 동일하지만, 감액완납 제도는 보험 기간을 유지하면서 보장 금액을 줄이는 개념이고, 반대로 연장정기보험 제도는 보장 금액을 유지하면서 보험 기간을 줄이는 개념이다.

하지만 이런 보험 계약 유지 제도에서 간과해서는 안 될 것이 감액완납이든 연장정기보험 제도든 둘 다 부분 해약이라는 점이다. 계약 유지 제도라는 말만 그럴듯하지 결과적으로 해약이라고 해도 과언이 아니다. 즉 100% 해약을 하지 않는 것뿐이지 엄연히 해약인 셈이다.

특히 감액완납 제도의 경우는 감액된 보험료의 비율만큼 해약으로 처리되어 해약환급금을 지급받게 된다.

보험은 해약하면 무조건 손해,
그래도 깨야 한다면…

최근 유니버설보험이 많이 출시되고 있는데, 이 상품은 보험료 납입을 일시 중지하거나 중도 인출 기능을 활용할 수 있다는 특징이 있다. 가입자가 경제 사정이 어려운 경우 앞에서 설명한 감액완납이나 연장정기보험 제도, 그리고 약관대출 등을 하지 않아도 되는 장점은 있으나, 이 상품 또한 보험회사 입장에서 볼 때 손해 볼 것 없는 상품이다. 한마디로 계약자에게 별 실익이 없다는 말이다.

일시 중지는 보통 2년 등 의무 납입 기간 이후 일시적으로 보험료 납입을 중지하는 기능이다. 즉 보험료는 나가지 않지만 위험보험료, 사업비 등은 꼬박꼬박 차감된다. 해약환급금에서 조금씩 빠져나가는 구조인 것이다. 만약에 이 해약환급금마저 소진되면 보험 계약은 해지된다.

또한 중도 인출은 해약환급금의 50% 이내에서 연 12회 적립액을 인출해 사용할 수 있는 방식이다. 물론 약관대출에 비하면 더 나을 수도 있겠지만 인출 수수료를 내야만 한다.

따라서 피치 못해 보험 계약을 유지할까 해약할까를 선택해야 할 경우 참으로 난감하기 그지없는 노릇이다. 보험을 해약하기는 아깝고 유지하자니 부담스럽기 때문이다.

이럴 경우에는 보험료, 보장 금액, 보장 내용, 보장 기간, 해약환급금의 규모 등 여러 가지 보험 내용을 종합적으로 꼼꼼히 살펴보고 판단해야 낭패를 면할 수 있다.

또한 금리도 중요한 변수가 될 수 있다. 금리 수준에 따라 보험료가 크게 차이가 나기 때문이다. 금리가 0.5~1.0%만 올라도 보험 상품별로 보험료는 10~30%까지 하락할 수 있다. 즉 금리가 높을 때 가입하면 그만큼 적은 보험료를 내는 것이다.

그러나 자신이 가입한 보험이 잘못 설계되어 있고 필요 이상의 보험료를 내고 있다고 판단되는 경우 과감하게 해약하는 것도 나쁘지 않다. 이후 순수 보장형으로 보장성 보험을 경제적으로 가입하면 될 것이다. 다만, 기존 보험이 7.5~8.5%의 고정 이율이거나 자신의 건강 상태가 좋지 않아 새로 가입이 어려운 경우는 해약하지 않는 것이 좋다.

06

연금저축 vs 변액연금보험
어느 것에 가입해야 할까

재무설계자들은 대개 연금저축 상품을 싫어하는 경향이 있다. 왜냐하면 연금저축이 재무설계자 자신들이 팔고 싶은 연금보험이나 변액보험 상품과 경쟁 관계에 있기 때문이다. 물론 재무설계자들이 연금저축보다 다른 금융상품들을 권하는 것이 옳지 않다는 말은 아니다.

왜냐하면 연금저축의 소득공제 그 자체로는 매력적이지만 55세 이후에 연금을 수령할 때 내야만 하는 5.5%의 연금소득세가 문제시되기 때문이다.

연금소득세는 개인연금은 물론 공무원연금과 같은 공적 연금과 합산하여 종합과세를 하기 때문에 교원, 공무원, 군인 등의 경우 당장 받을 소득공제 환급금보다 미래에 더 많은 연금소득세를 내야 할 수도 있기 때문이다.

하지만 앞서 열거한 이들 대상자 이외의 대부분의 사람들의 경우에는 연금저축을 가입하여 소득공제를 받는 것이 유리하다. 예를 들어 연간 300만 원을 내고 불입 금액의 100%인 300만 원만큼 소득공제를 받는 것은 정말 특혜나 다름없다. 그리고 매년 환급되는 세금을 재투자하는 것을 감안하면 더더욱 유리한 상품이 아닐 수 없다.

연금저축이 변액연금보험보다 유리한 이유

재무설계자들은 연금저축에 대해 다음과 같은 중요한 요소들을 간과하고 있다.

첫째, 재투자 수익을 무시하고 있다.

둘째, 불입 기간 10년과 55세 수령까지의 비과세로 인한 과세 이연 효과를 간과하고 있다.

셋째, 인플레이션 변수를 무시하고 있는 것도 치명적인 오류이다.

넷째, 현재 연금 수령자는 연금소득세를 거의 내지 않고 있는 점도 눈여겨봐야 할 대목이다. 왜냐하면 직역연금(공무원연금, 사학연금, 군인연금 등) 및 국민연금 가입자의 경우 2002년 이전 기여금에 대해서는 비과세되고, 2002년 이후 기여금에 대해서는 5.5% 과세되는데 전체

총연금액	공제액
350만 원 이하	총연금액
350만 원 초과 700만 원 이하	350만 원 + 350만 원을 초과하는 금액의 100분의 40
700만 원 초과 1,400만 원 이하	490만 원 + 700만 원을 초과하는 금액의 100분의 20
1,400만 원 초과	630만 원 + 1,400만 원을 초과하는 금액의 100분의 10

연금소득세 공제액

금액 중 과세되는 연금 비율이 없거나 매우 적기 때문이다. 위의 표에서 보듯이, 실제 공제되는 금액이 상당하고 본인과 배우자공제 등까지 감안하면 미래의 연금 수령자들에게 세금 부담은 미미할 것으로 예상된다.

변액보험의 불안정성과 논란의 진실

재무설계자들이 연금저축을 꺼리는 태도가 무엇보다 문제시되는 이유는, 연금저축의 세금 문제가 어떻든 간에 재무설계자들이 제시하는 연금보험과 변액보험은 연금저축의 대안 상품이 되기에 부족함이 많기 때문이다. 앞서도 강조했지만 보험은 그 속성상 상당한 사업비를 내야 하기 때문이다. 어떤 변액보험의 경우는 연 6% 이상의 수익률을 낸다는 가정 하에 7년째가 되어서야 원금이 되는 구조를 갖고 있으니 참으로 어처구니없는 상품이 아닐 수 없다. 고작 원금을 만들자고 7년을 기다려야 한다는 상품 구조 자체가 상식적으로 이해가 되지 않는다.

그럼에도 연금저축과 변액연금보험에 대한 우열 가리기 논란은 좀처럼 식지 않고 있다. 언젠가 모 신문에 실렸던 어느 보험회사 간부의 인터뷰 내용은 이 같은 논란을 잠재우기 충분하다. 그는 연금저축보험과 변액연금보험 두 상품은 각각 장단점이 있어서 어느 하나 놓치기가 아깝다고 설명하며, 노후 준비 자금이 월 100만 원이라면 소득공제 한도인 월 25만 원은 연금저축보험에 넣고, 나머지 금액은 변액연금보험에 넣는 방식을 권한다고 분명히 밝혔다.

이는 달리 말해 보험회사 중견 직원조차 연금저축이 변액연금보험보다 낫다고 인정한 것이나 다름없다. 하지만 다른 대안 상품은 안중에도 없이 오로지 연금저축보험과 변액연금보험만을 언급하고 있는 것은 잘못된 태도라고 생각된다.

나는 앞서 언급한 대상자들(특히 고소득자, 공무원 등)이 연금저축 대신 연금보험이나 변액보험을 선택하지 않기를 바란다. 굳이 대안 상품을 찾자면 예금자 보호가 되는 저축은행의 예금 및 적금, 또는 우량 펀드에 가입하면 된다. 찾아보면 가입할 만한 좋은 금융상품은 얼마든지 있다.

07
종신형 즉시연금으로 노후 걱정 덜 수 있을까

최근 블룸버그의 보도에 따르면, 미국의 퇴직자들 사이에 '즉시연금immediate annuities' 이란 보험상품이 불티나게 팔리고 있다고 한다. 이 같은 상황은 우리나라의 경우도 크게 다르지 않다. 더욱이 여러 언론 매체에서 즉시연금 상품을 선전하듯 자주 거론하고 있어 그 인기가 날로 더해지고 있다. 생명보험사들은 이 즉시연금 상품 때문에 소위 대박이 났다고 한다.

이처럼 생명보험사들에게 큰 이익을 안겨주고, 이들 회사가 그토록 좋은 상품이라고 추천하는 즉시연금이, 과연 가입자들에게도 큰 웃음을 안겨줄 만큼 좋은 상품인지는 자세히 따져볼 일이다.

즉시연금보험 열풍,
도대체 어떤 상품이기에…

즉시연금이란 목돈을 한꺼번에 보험료로 낸 뒤, 다음 달부터 종신토록 매달 일정액을 연금 형태로 받는 보험상품을 말한다. 금리 방식은 여느 보험과 마찬가지로 변동금리이며 2% 이하의 최저 보증이율을 적용받는다.

연금을 받는 방법은 '종신형'과 '상속형' 두 가지이다. 종신형은 가입한 그 다음 달부터 사망할 때까지 원금과 이자를 수령하는 방법이며, 상속형은 만기(10·15·20·30년 중)를 정한 후 이자만 받고 원금은 상속하는 방법이다. 따라서 상품 특성에 의해 매월 받는 연금액은 상속형보다 종신형이 더 많다.

즉시연금 상품의 인기 비결은 무엇보다 가입한 다음 달부터 사망할 때까지 매달 연금을 안정적으로 받을 수 있다는 점이며, 이 때문에 자산 시장의 등락과 같은 리스크에서 어느 정도 자유로울 수 있다는 점이다.

또한 가입 즉시부터 비과세 혜택을 받을 수 있고, 특히 금융종합과세를 받는 고소득자에게 매우 유리하다. 즉시연금에 가입해서 매달 받는 연금은 비과세 대상이므로 금융소득종합과세에서 제외되기 때문이다. 상속에서도 절세 효과를 누릴 수 있다. 연금 총 수령액이 아닌 현재가치에 대해서단 세금을 부과하기 때문이다.

보험회사	상품 이름	가입 대상	최저 가입액	현재 공시이율	최저 보증 공시이율	보험료 할인 혜택
교보생명	교보 바로받는 연금보험	즉시형 : 55~85세 거치형 : 50~84세	1,000만 원	4.6%(2009년 7월 기준)	10년 미만 연복리 2.5%, 10년 이후 연복리 2.0%	–
미래에셋 생명	(무)미래에셋 LoveAge 가입즉시 연금보험	45세 이상	1,000만 원	4.90%	10년까지 3.0%, 10년 이상 2.0%	–
동양생명	수호천사 골든라이프 연금보험	55~80세	1,000만 원	5.20%	10년까지 3.0%, 10년 이상 2.0%	–
알리안츠 생명	(무)알리안츠 골드 플러스 연금보험	45~75세	1,000만 원	4.80%	10년 이내 2.5%, 10년 이후 2.0%	주계약 보험료 100만 원 이상 시 1.0% 할인
삼성생명	무배당 프리덤50+ 파워즉시연금보험	만 45세 이상	3,000만 원	4.5%(2009년 8월 현재)	10년 이내 2.0%, 10년 초과 1.5%	–
흥국생명	(무)재테크유니버설 연금보험	45세 이상	12만 원	4.90%	10년까지 3.0%, 10년 이상 2.0%	30만 원 이상 1.5%
신한생명	VIP즉시연금	45~80세	500만 원 ~20억 원	4.8%	10년까지 3.0%, 10년 초과 2.0%	–
대한생명	리치바로연금	45~80세	1,000만 원	4.70%	10년까지 2.5%, 10년 초과 2.0%	1억~3억 원 미만 0.3%, 3억 원 이상 0.5%
하나HSBC 생명	(무)하나 즉시연금 보험	45~85세	5,000만 원	5.30%	10년 이내 연복리 2.5%, 10년 초과 연복리 2.0%	–
푸르덴셜 생명	무배당 즉시연금 보험	50세 이상	3,000만 원	4.90%	계약 유지 10년 이내 2.5%, 계약 유지 10년 이상 2.0%	–
동부생명	무BestPlan 실버 Story 즉시연금보험	50세 이상	1,000만 원	4.90%	2.0%	–

대표적인 즉시연금 보험상품

해약 불가능한 즉시연금보험,
불이익 미리 따져보고 결정해야

그럼 이제부터 즉시연금의 상품성을 따져보자.

첫째, 즉시연금도 보험상품인 만큼 사업비의 부담에서 벗어날 수 없다. 내 돈 맡기고 내가 헐어 쓰는데 웬 사업비란 말인가? 가령 매월 만기가 돌아오게끔 예금을 분산 가입해 놓고 찾아 쓰는 것과 비교해 보면 상대적으로 손해 보는 느낌이 들지 않는가?

둘째, 금리도 너무 낮다. 대체로 즉시연금의 적용 금리가 은행의 예금 금리보다 낮은 경향이 있다. 실제로 삼성생명의 경우는 연 4.6%를 적용하고 있다. 물론 앞으로 실세 금리가 오르면 더 오를 것이고, 반대로 내리면 내릴 것이다. 특별한 일이 없다면 즉시연금의 적용 금리는 앞으로도 은행 금리에 비해 그다지 높은 수준의 금리를 제공할 리 없어 보인다. 저축은행 등 고금리를 주는 곳과는 아예 비교 대상이 되지 못한다. 그리고 추세상 저금리가 상당 기간 지속될 것으로 보이는데 그나마 받는 연금액도 줄어들 가능성이 있다. 자칫 2%밖에 안 되는 최저 보증이율만큼 적용된다면 무슨 낭패이겠는가? 여하튼 연금 월액이 생각보다 적은 것은 분명하다. 예를 들어 1억 원을 일시납으로 맡겨 봐야 월 62만 원 정도 받게 될 것으로 보인다. 이것도 연 4.6%로 가정했을 경우이다.

셋째, 가능성은 그리 높지 않지만 지속적인 인플레이션이 일어날 경우 문제이다. 기본적으로 즉시연금은 인플레이션 헤지에는 한계가 있는 상품이기 때문이다.

넷째, 즉시연금은 10년 이상 유지해야 하는 장기 상품이란 점도 유의해야 한다. 종신형이야 중도 해지가 불가능해 상관없지만, 그렇지 않은 상속형은 중도 해지 시 감면받은 세금을 추징당할 수 있기 때문이다.

조금만 관심을 갖고 알아보면 즉시연금 말고도 노후를 대비하기 위한 대안 상품이나 재테크 방법은 쉽게 찾을 수 있다. 물론 즉시연금처럼 그렇게 방법이 편리하지는 않을 수 있다. 예컨대 어느 정도 자산이 있다면 도심의 소형 오피스텔을 매입하여 매월 임대료를 받는 방법도 생각해 볼 수 있다. 내가 근무하고 있는 사무실의 경우 평당 1,000만 원 수준의 매매가인데 임대 수익률이 연 7%는 가능하다. 이 같은 경우 임대 사업자로 등록하면 세금 부담도 거의 없다.

따라서 즉시연금은 다음의 유형에 속하는 사람이 아니라면 굳이 가입할 필요가 없을 듯하다. 아주 오래 살 확신이 있는 사람, 세금 내는 게 죽도록 싫은 사람, 자식에게 돈을 뺏길까 봐 두려운 사람, 그리고 돈 걱정 없는 사람 말이다.

내 생각에는 예금이나 펀드 방식의 즉시연금 상품이 있으면 좋으련만, 즉시연금보험과 같이 돈 되는 상품을 팔 수 있는데 굳이 금융회사에서 그런 상품을 만들지는 않을 것 같다.

08

공짜 재무 설계에 낚이지 말라

여러분은 재무설계자를 통해 상담을 받아 본 적이 있는가? 또는 생명보험사의 사이트에 접속해서 재무 설계를 받아 본 적이 있는가? 두 경우 중에 어느 하나라도 재무 설계를 받아 본 경험이 있다면 그 결과에 적잖이 당황하지 않았을까 생각된다. 앞서도 언급한 바 있지만, 특히 보험회사의 재무설계자들은 가입자들로 하여금 미래에 대한 두려움과 공포를 갖게 하여 자신들이 원하는 재무 설계로 유도하기 때문이다. 즉 필요로 한 은퇴 자금이 몇 십 억 원이라고 밝히면서 겁을 주어 팔고 싶은 보험을 권하는 것이다.

좀더 구체적으로 살펴보기 위해 몇몇 금융회사의 재무 설계 사례를 들어보기로 하겠다.

무료 재무 설계는
보험 가입 유인책

나는 최근에 재무 설계 실태를 파악하기 위해 국내 생명보험 업계를 과점하다시피 하는 소위 '빅 3' 보험회사인 삼성생명, 대한생명, 교보생명의 홈페이지에 들어가 보았다.

업계 1위인 삼성생명 홈페이지 www.samsunglife.com는 '사이버FC → 연금자산 → 연금자산 확인하기' 메뉴를 통해 미래의 필요 자금과 지금부터의 준비 자금을 알려주고 있다.

업계 2위인 대한생명 홈페이지 www.korealife.com는 '보험 → 뷰티풀 라이프 캠페인 → 재무건강' 메뉴로 들어가면 재무 설계 서비스를 이용할 수 있다.

업계 3위인 교보생명 홈페이지 www.kyobo.co.kr에서도 '생애설계' 메뉴로 들어가면 재무 설계 서비스를 받아 볼 수 있다. 생애설계의 하부 메뉴에는 '노후생활 설계'와 '가족생활 설계'가 있는데, 이를 통해 보다 구체적인 재무 설계 서비스를 제시하고 있다.

나는 이들 보험회사의 재무 설계 서비스 중에서 교보생명 홈페이지의 '생애설계'를 받아 보았다. 그 결과를 수록하면 다음 그림과 같다(105페이지의 교보생명 홈페이지의 '생애설계' 참조).

증권회사나 은행 등 다른 금융회사의 재무 설계 서비스도 보험회사의 재무 설계와 별반 차이가 없다. 이 같은 금융회사들의 재무

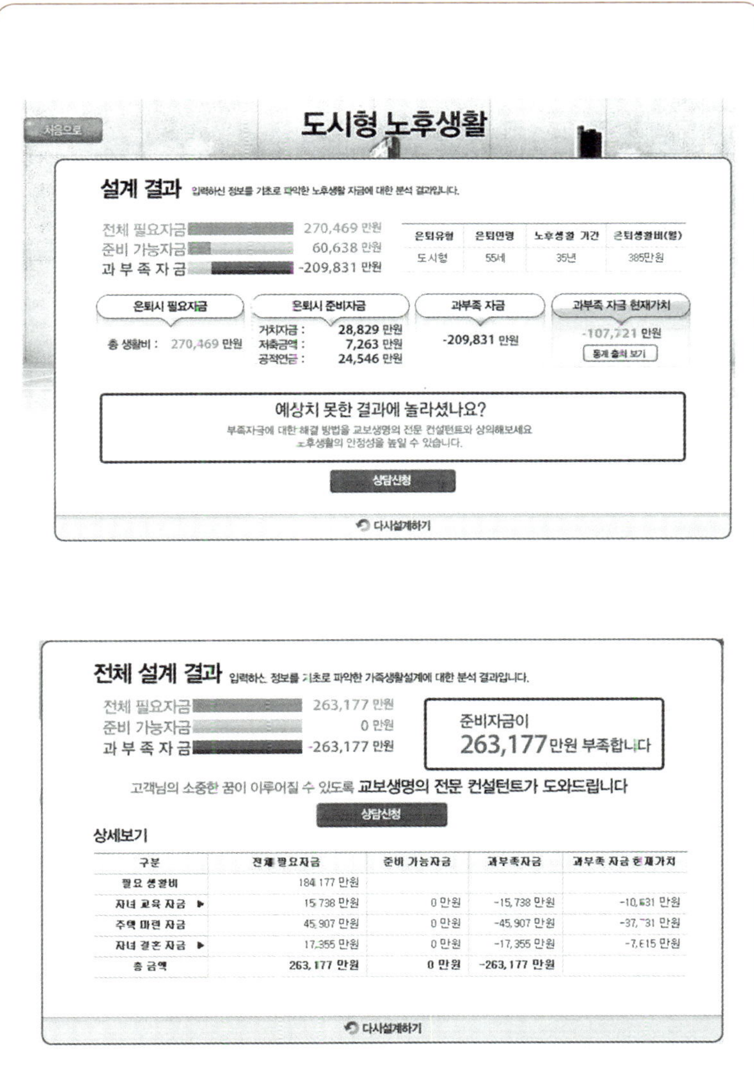

구분	전체 필요자금	준비 가능자금	과부족자금	과부족 자금 현재가치
필요 생활비	184,177 만원			
자녀 교육 자금 ▶	15,738 만원	0 만원	-15,738 만원	-10,631 만원
주택 마련 자금	45,907 만원	0 만원	-45,907 만원	-37,731 만원
자녀 결혼 자금 ▶	17,355 만원	0 만원	-17,355 만원	-7,615 만원
총 금액	263,177 만원	0 만원	-263,177 만원	

설계 서비스를 통해 산정된 준비 금액은 우리의 입을 떡 벌어지게 만든다. 어떤 회사는 노후 자금으로 10억 원을 제시하기도 하고, 어떤 회사는 자녀 교육, 내 집 마련 등을 위해 20억 원은 필요하다고 제시한다.

이런 엄청난 금액이 산정된 것은 우리나라 가계의 저축 여력이나, 저축 가능 기간 등의 현금흐름을 무시하고 있는 것과 다름없다. 그리고 국민연금, 퇴직연금 등의 역할을 제대로 평가하지 않은 것도 턱없이 높은 금액을 제시하는 이유라고 할 수 있겠다.

이렇게 노후 자금을 턱없이 부풀리는 식으로 고객에게 잔뜩 공포감과 불안감을 갖게 한 후, 상담 신청을 하도록 하고 보험 가입을 유도하려는 속셈인 것이다.

재무 설계는 고객과의 심층 상담을 바탕으로 소득과 지출 구조를 파악한 후 예금 및 적금, 펀드, 주식, 보험 등 각 금융상품의 장단점을 감안하여 설계되어야 한다. 그래야 가계의 현금흐름을 개선시킬 수 있고 저축과 투자 여력을 높일 수 있다.

공짜 좋아하다가
생돈 날린다

세상에 공짜는 없다는 평범한 진리를 기억하라. 공짜 좋아하다가 오히려 저급한 정보들로 인해 큰 피해를 볼 수도 있다. 어떤 서비스를 받고자 할 때에는 그냥 제값을 치르는 것이 좋다.

무료 재무 설계를 받았다고 좋아할 일만은 아니다. 만약에 이 같은 서비스에 낚여 제대로 따져보지도 않고 보험상품에 덥석 가입한다면, 결국 상당한 수수료 등 더 비싼 대가를 치르게 도는 셈이니 말이다. 오히려 십여 만 원의 컨설팅 비용을 지불하고 제대로 된 상담을 받는 것이 당장은 비용이 좀 들더라도 결국은 몇 십만, 몇 백만 원의 수수료를 지불하는 것보다 낫지 않을까?

FUND
BANK
10000
10000
10000
10000

3장

증권 믿습니까

: 알면 '웃고' 모르면 '당하는' 증권투자 :

통장의
고백

공모주 시장을 바로 아는 것이 공모주 투자 포인트

공모주 시장은 불안정하고 부침이 극심하기 이를 데 없다. 2009년 상반기, 증시가 크게 상승하자 공모주 시장은 뜨겁게 달아올랐다. 게다가 공모가도 보수적으로 산정되면서 공모주의 매력이 커졌다.

이에 첫날 공모가의 100%(최대 상한선)에서 시초가가 형성되고 곧바로 상한가로 진입하곤 했다.

하지만 이런 분위기는 오래가지 않는다. 그 이유는 증권회사들의 고무줄 같은 공모가 산정에 있다고 생각한다. 공모가를 산정할 때 어떤 기준 없이 그때그때 다르게 산정하기 때문이다. 수요 예측 당시의 증시 분위기를 감안해서 PER를 5배 혹은 20배 적용하기도

하는 것이 현실이다. 안타깝게도 이런 어이없는 상황이 수년째 반복
되고 있다.

공모주 시장의
문제점

　　　　　문제는 이런 공모가를 원가로 생
각하는 투자자들이 그 피해를 고스란히 떠안는다는 점이다. 공모가
는 절대 지켜져야 할 주가가 아님에도 많은 투자자들이 그런 막연한
믿음을 갖고 있다. 이는 투자 전문가인 외국인과 기관들이 적정하게
결정할 것이라는 믿음도 깔려 있는 듯하다. 하지만 10여 년째 이런
상황을 지켜보면서 내린 결론은 그들이 결코 전문가가 아니라는 것
이다. 단지 좋은 경력, 좋은 회사에 근무하는 평범한 직원들에 불과
하다는 것이 내 생각이다.

또한 대부분의 공모기업이 코스닥 기업들인 점에서도 심각한 문
제를 발견할 수 있다. 코스닥 기업들은 대부분 삼성, LG, 현대차,
KT 등 대기업에 납품하는 회사들인 경우가 많다.

그러다 보니 대기업에 실질적인 생살여탈권을 쥐어준 채 영업을
해야 하는 경우가 의외로 많다. 어떤 해에는 영업을 잘해 큰 이익을
남겼다면, 다음 해에는 대기업의 비용 절감이라는 명목 하에 소위
납품가격 후려치기를 당할 가능성이 크다.

결국 세계적인 경쟁력을 갖추지 못한 대부분의 코스닥 기업들의 경우 영업이익을 꾸준히 증가시켜 나가는 것이 어렵다. 이 말은 주가가 줄곧 약세를 띨 수밖에 없다는 말과 다를 바 없다.

또 실적이 갑자기 호전되어 영업이익을 많이 내거나 낼 것으로 예상되면 곧바로 코스닥 상장 예비 심사를 청구한다 그리고 높은 공모가를 책정받고 상당한 공모 자금을 유인한다. 상장 직후 며칠 동안은 주가흐름이 나쁘지 않다. 하지만 이내 주가는 약세로 돌아서고, 심하게는 몇 년 동안 공모가를 회복하지 못하고 하향 추세를 그리기도 한다.

이런 문제점 때문에 전년 재무제표와 함께 진행 중인 분기 또는 반기 실적을 감안하여 심사를 하곤 한다. 그래도 여전히 이런 문제점은 남아 있는 듯하다.

증권회사들 간의 치열한 경쟁도 눈여겨봐야 한다. 증권회사의 기업금융 팀이 한 기업의 유상증자, 채권 발행, 공모 등을 주관하면 적지 않은 수수료를 받는다. 많게는 거래 금액의 3% 안팎을 받게 된다. 예를 들어 1,000억 원을 공모한다면 30억 원까지 받을 수 있다. 리스크와 투입 노동력 등을 감안하더라도 꽤 짭짤한 금액이다.

그러다 보니 주간사가 되기 위해 증권회사들 간에 치열한 경쟁이 반복되고 있다. 실례로 2009년 하반기 상장했던 동국S&C의 경우 보기 드문 현상이 벌어졌다. 공모 금액이 2,500억 원이 넘는 초대형 공모였지만 주간사는 삼성증권 한 곳뿐이었다. 대개 대표 주간사 한 곳, 공동 주간사 서너 곳으로 하는 것이 관례인데, 이 건은 삼성증권 혼자서 해버린 것이다. 솔직히 이 경우는 삼성증권이 욕심을 부린 것으로 밖에는 해석이 안 된다.

당시 뉴스와 관계자들의 이야기를 종합해 보면, 삼성증권이 수수료를 적게 받고 공모가를 높게 책정해 준 대가로 단독 주간을 맡게 된 것으로 판단하고 있다. 결국 상장 첫날 공모가가 1만 1,000원에 한참 못 미치는 8,420원(하한가)까지 내려갔다 오는 수모를 겪었다. 그 와중에 수많은 투자자들의 눈물과 마음고생이 있었음은 충분히 짐작하고도 남는다. 며칠 뒤 다행히 공모가는 회복했지만 공모주 시장에 대한 불신의 골은 깊어질 대로 깊어졌다.

아는 만큼 돈 버는
공모주 투자

공모주를 투자하기에 앞서 실질적인 주식수의 증가 가능성을 확인해 봐야 한다. 즉 상장 전에 발행된 전환사채 CB, 신주인수권부사채 BW 등의 주식형 사채와 전환상환 우선주, 그리고 스톡옵션 등으로 인한 주가 희석 요인을 면밀히 살펴봐야 한다. 이것은 지금 당장은 아니라도 조만간 주식으로 상장될 잠재 물량이기 때문이다. 실제로 이 물량 때문에 주가가 오르지 못하거나 급락한 경우도 종종 있다.

또한 상장 후 유통 가능한 주식수도 따져봐야 한다. 다시 말해 의무보유 확약 물량(기관투자자가 공모주를 많이 배정받는 조건으로 일정 기간 팔지 못하도록 한 물량)이나, 보호예수 물량(대주주나 벤처금융 등이 일정 기간 증권예탁원에 의무적으로 주식을 맡겨 팔지 못하도록 하는 물량) 등을 분석해야 좋은 가격에 매도할 가능성이 높다.

창업투자회사 등 벤처금융 보유 물량의 경우 2년 이상 보유할 때 규제를 거의 받지 않고, 보호예수가 끝나면 대부분 주식을 처분할 가능성이 높기 때문에 보호예수 해제 시기와 물량 등을 감안해 매매해야 한다.

특히 수요 예측에서 기관이 받아간 공모주 물량의 보호예수는 사실상 사라졌다고 봐야 한다. 자발적 보호예수라고 하지만 시장 분위기를 봐서 언제 든지 던지고 나갈, 이른바 단타성 매물이라고 파악하는 것이 옳다.

사모증자의 경우 1년 보호예수가 있지만, 공모주 등 공모증자의 경우 아무런 제한이 없다.

기관이 단타를 하면 주가가 크게 왜곡될 수 있기 때문에 문제가 될 수 있다. 시초가는 공모가의 90~200% 범위 내에서 결정되는데 8~9시 매도와 매수가격을 접수받아 결정된다. 이때 개인투자자는 공모가 아래 호가로 매도하지 않는 반면, 기관은 매도할 수도 있다. 기관 입장에서는 잘하면 130% 이익, 못해도 −23.5% 손실에 그치기 때문이다.

또한 기관은 개인과 달리 손절매를 잘하기 때문에 시장 분위기가 아니다 싶으면 낮은 가격에도 던진다. 실제로 2009년의 경우, 기관과 외국인의 공모주 투자는 공모 첫날 가격을 불문하고 매도하는 경향이 있었다.

관계자의 이야기를 빌리면, 2009년 상반기의 공모주 대박 행진으로 공모에 참여하면 큰돈을 번다는 기대감에 눈이 멀어 정작 중요한 공모가에 대한 분석이 소홀했다고 한다. 결국 투자자들은 2009년 하반기의 공모주 침체기에 상당한 손해를 입기도 했다(수요 예측에서 '가격 미제시' 하는 기관도 적지 않았다. 가격 미제시는 주식으로 치자면 '시장가 매수' 나 '상한가 매수' 와 비슷하다.).

공모주에 투자하기 위해서는 경쟁률도 감안해야 한다. 공모주는 경쟁률대로 주식수를 비례 배분하기 때문에 경쟁률이 높을수록 배정받는 주식수가 적어진다.

가령 청약 열기가 뜨거워 경쟁률이 1,000 대 1인 경우는, 실제 1억 원을 청약해도 배정받는 금액이 10만 원에 그친다. 그 주식이 공모가의 두 배가 된들 실익이 적기 때문이다.

한편 경쟁률이 낮다고 무리하게 청약하면 곤란에 처할 수도 있다. 경쟁률이 낮은 경우는 대개 상장 후 주가 또한 낮게 형성되는 경향이 있기 때문이다. 낮은 공모가의 공모주가 낮은 경쟁률을 기록하기를 모두가 바랄 것이다. 그런 경우가 전혀 없는 것은 아니지만, 그때는 주로 극심한 비관론이 휩쓸 때다. 그때는 투자자들 대부분이 투자에 미온적이거나 투자 자금이 없을 때일 수도 있다. 이상하게 들릴 수도 있겠지만, 어찌 보면 공모주 투자에서도 '운'이 중요한 요소일 수 있다.

이와 같은 공모주 시장의 구조를 알지 못한다면 공모주 투자에서 낭패를 볼 가능성이 크다. 공모주 투자에서 아는 것은 힘일 뿐만 아니라, 돈을 버는 지름길이며 돈을 잃지 않는 최선의 방법임을 기억해야 한다.

02

ELS 투자, 공모보다 사모가 유리하다

ELS(주가연계증권)는 개별 주식의 가격이나 주가지수에 연동되어 투자수익이 결정되는 유가증권으로 원금 보장형과 원금 비보장형으로 구분된다. ELS는 자산을 우량 채권에 투자하여 원금을 보존하고, 일부를 주가지수 옵션 등 파생상품에 투자해 고수익을 노리는 상품으로, 개인의 다양한 투자 성향에 따라 설계할 수 있다는 장점이 있다.

그럼 ELS 투자에 대해 좀더 자세히 살펴보도록 하자.

사모 비중이
높아지고 있는 ELS

ELS는 펀드 시장과 마찬가지로 공모가 대세이며 많은 사람들도 그렇게 생각하고 있는 것이 현실이다. 하지만 ELS에도 사모가 있으며, 최근 이런 사모 ELS가 점차 인기를 얻고 있다. 실제로 공모 및 사모 ELS를 분석해 본 결과 공모보다 사모가 훨씬 유리하다는 결론을 내리게 되었다.

개인적으로 전환사채[CB]와 신주인수권부사채[BW] 등 주식형 사채의 대중화에 많은 노력을 기울여온 나로서는 ELS 시장에 대한 우려와 아쉬운 점을 짚고 넘어가지 않을 수 없다.

먼저, 좋은 기업들은 주식형 사채를 발행하지 않는다는 점이다

솔직히 삼성전자나 현대차 같은 소위 특 A급 기업이 주식형 사채를 발행할 이유가 없다. 풍부한 유보 현금으로도 운영이 가능하고, 자금이 부족하면 채권[SB]을 발행하면 되기 때문이다. 물론 A급 기업의 경우에도 가끔씩 주식형 사채를 발행하곤 하는데, 아쉽게도 공모가 아닌 사모로 발행하여 대부분의 개인투자자들에게는 그림의 떡에 그치고 있는 실정이다. 이를 인수하는 곳은 대부분 은행이나 우호적 투자기업이기 때문이다. 한마디로 돈이 될 만하고 우량한 주식형 사채는 공모 시장까지 흘러나오지 않는 듯하다.

그렇다면 ELS는 어떨까? 결론을 말하자면, 사모 ELS가 공모 ELS보다 여러모로 유리하다.

사모 ELS 투자
어떤 점이 유리할까

요즘에는 10억 원 이상이 되면 증권회사에서 사모 ELS를 만들어 준다. 이는 개인이나 법인 모두 가능하다. 사모는 발행 조건을 공모보다 훨씬 유리하게 만들 수 있다. 대체로 공모 중인 ELS를 감안하여 조건을 제시하는데, 2009년 10월에 공모했던 한 ELS의 사례를 들어 설명해 보겠다.

삼성증권 ELS 2757회

- 연계 기초 자산 : LG전자, LG화학
- 조기 상환 조건 : 매 4개월마다 조기 상환 기회. 스텝다운 형식(85%-85%-85%-80%-80%-80%)
- 수익률 : 연 20.01%
- 만기 : 2년 만기
- 원금 보장 조건 : 투자 기간 중 두 종목 주가가 45% 이상 하락한 적이 없는 경우

공모 ELS의 경우, 위의 조건이 마음에 들지 않으면 투자를 하지 않는 방법 외에는 별 다른 방법이 없다. 그러나 사모 ELS의 경우는 다르다. 조건이 마음에 들지 않으면 조건을 바꿀 수도 있다. 물론 증권회사의 해당 ELS 팀과 협상을 거쳐야만 한다.

예를 들어 똑같은 조건을 수용하고 수익률을 더 상향할 수도 있고, 조기 상환 조건을 완화할 수도 있다. 첫 번째 조기 상환일에 최초 기준 주가의 85%만 유지하면 조기 상환이 되는 조건을 80%로 조정할 수도 있다. 또 원금 보장 조건을 더 강화할 수도 있다. 즉 45% 이상을 50% 이상으로 바꿀 수도 있다.

어떤 식으로든 사모가 공모보다는 단 한 가지라도 더 유리한 조건으로 투자할 수 있다.

또 전혀 다른 상품을 설계해 달라고 요구할 수도 있고, 원하는 기초 자산을 선택할 수도 있다. 삼성전자, SKT 등 변동성이 적은 종목으로 만들어 달라고 하면 된다.

종가도 선택할 수 있다. 예컨대 3일 정도로 해놓았다가 그 중 하루를 선택하는 식이다. 중요한 것은 원하는 당일 오전까지는 의사결정을 해야 한다. 예를 들어 해당일 오전 주가가 평소보다 약세를 띠고 종가 또한 그럴 것이라고 예상된다면, 그날 종가 기준의 ELS를 만들어 달라고 요구할 수 있다.

수수료도 깎을 수 있다. ELS는 의외로 수수료가 많은 상품이다. 2~3년 만기 ELS의 경우 1.5~2%가량의 수수료를 내야 하는데, 이를 깎을 수 있으니 가입자들에게 보다 유리한 상품이라 할 수 있다.

이처럼 ELS는 아는 만큼 돈을 벌 수 있는 대표적인 상품 중에 하나이다. 게다가 사모로 투자하면 투자에 흥미를 갖고 다가갈 수 있으며, 공모 ELS보다 유리한 게임을 펼칠 수 있다는 장점이 있다.

03

위험 낮고 수익 높은 ELS, 어떻게 관리할까

ELS가 많은 장점을 갖고 있는 상품이기는 하나, 최근 ELS 주가조작 스캔들 등으로 투자자들의 ELS를 바라보는 시선이 싸늘하게 식어버렸다.

투자 전문가들은 일련의 ELS 스캔들을 겪으면서 ELS 시장의 체질이 변화하고 있다고 말한다.

우선, 시장의 변화를 몰고 온 이 같은 ELS 스캔들에 대해 좀더 자세히 살펴보고, 투자자들은 어떻게 대처해야 하는지 알아보자.

ELS를 흔드는 검은손
: ELS 스캔들 사례

ELS는 조기 상환일이나 만기 상환일에 기초 자산(주로 개별 주식) 가격이 일정 수준 이상을 유지하면 증권회사가 투자자들에게 약속된 수익률을 지급해야 한다. 그러나 한 증권회사가 상환일 당일 장 종료 시점에 기초 자산 주식을 한꺼번에 대량으로 팔아치워 주가를 급락시켰다는 의심을 받았다.

2008년 4월, 한 증권회사가 판매했던 ELS는 1년이 지난 2009년 만기일에 22%의 높은 수익률이 기대됐으나, 운용을 담당한 캐나다 금융회사가 기초 자산 중 하나인 SK 주식을 장 마감 직전에 대량 매도하자 SK 주가가 기준치 아래까지 급락하면서 25.4%의 손실로 돌아섰다. 순식간에 22%의 수익률이 날아가는 것도 모자라 -25.4%의 손실률을 접한 투자자들은 아연실색했다. 생각해 보라. 단 몇 분 간에 피 같은 자신의 돈이 -47.4%(22%+25.4%)만큼 허공으로 날아가 버렸으니 억울해서 자다가도 벌떡 일어날 일이다.

미래에셋증권 ELS는 POSCO와 SK에너지를 기초 자산으로 하는 만기 2년 상품이다. 6개월에 한 번씩 돌아오는 첫 조기 상환일은 2009년 4월 15일이었다. 이날 장 마감 때 SK에너지 주가가 9만 6,000원 이상이면 조기 상환이 가능했다. 그러나 이날 미래에셋증권은 장 종료 직전에 SK에너지 140억 원어치를 집중 매도했고,

SK에너지 주가는 결국 9만 5,900원에 장을 마감했다. 딱 100원 차이로 조기 상환에 실패했다. 아직 세 번의 상환 기회는 남았다지만 배신감에 치를 떨 일이다.

대우증권 ELS는 2005년 11월 16일 조기 상환일에 기초 자산인 삼성SDI 주식 90억 원어치를 매도해, 주가가 10만 9,000원에서 10만 8,000원으로 떨어졌고, 결국 연 9% 조기 상환이 무산되었다.

해당 증권회사는 조기 상환을 무산시킨다고 해도 자신들이 얻는 이득이 없다며 주가를 하락시킬 이유가 없다고 항변한다. 물론 이는 틀린 이야기는 아니다. 왜냐하면 증권회사가 자사의 고객에게 판 상품을 망가뜨리는 것은 결국 고객을 쫓아내는 소탐대실의 결과를 가져올 수 있기 때문이다.

또 개별 종목형 ELS 상품 중 70~80%가량을 외국계 금융회사가 운용을 맡고 있는 현실도 감안해야 한다. 외국계 금융회사는 주가조작을 해서 얻을 이익이 있지만, 정작 판매만 중개한 국내 증권회사는 억울할 만하다. 실제로 매도 주체는 외국계 운용사이지만 주식을 파는 창구를 해당 증권회사를 이용할 수도 있다.

이와 같이 ELS를 둘러싼 일련의 소동이 일어났고, 몇몇 사례는 소송으로까지 진행되었다. ELS에 대한 논란이 가열되자 뒤늦게나마 금융감독원은 ELS 주가조작 방지책을 내놓았다. ELS 만기일에 기초 자산의 당일 종가를 적용해온 방식에서 2009년 11월부터는 일정 요건을 충족하지 못한 개별 종목을 기초 자산으로 하는 ELS는 만기일을 포함한 3일 이상 종가의 평균값이나 만기일 해당 종목의 거래량 가중평균 가격을 적용하는 새로운 방식을 제정한 것이다. 다만, 예외적으로 3일 동안 각각의 종가 중 가장 높은 가격 등과 같이 종가 평균값 등에 비해 가격 결정 조건이 투자자들에게 유리하거나, 시세 관여 개연성이 없는 방법은 허용하기로 했다.

그리고 논란의 주인공인 외국계 증권회사 등을 통해 헤지를 하는 이른바 '백투백Back To Back' ELS의 경우, 위험 회피 거래 상대방 실명제 및 발행 증권회사가 발행 금액 3% 이상을 인수해 상환 시점까지 보유하는 부분 인수 제도가 도입된다. 따라서 자체 헤지를 하는 ELS 발행사는 헤지 관련 운용 지침을 마련해야만 한다.

투자자들을 위한
ELS 만기 대처법

ELS 제도 개선으로 앞으로는 이건과 같은 심각한 ELS 주가조작 사건은 발생하지 않을 것으로 예상된다. 하지만 혹시 있을지 모를 주가조작이나 주가의 급등락을 대비하여 투자자들이 취할 수 있는 ELS 만기 대처법을 알아보고자 한다.

첫째, 최종 평가일의 주가에 따라 큰 이익과 손실이 결정되므로 만기까지 기다려야 한다.

둘째, 일정 시점에서 환매하여 손실률을 낮추는 것이다. 해당일 기준가(ELS도 여느 펀드처럼 기준가가 적용된다.)로 5% 안팎의 환매수수료를 제한 후 환매된다.

셋째, 첫 번째 안과 두 번째 안의 선택을 반반씩 절충하는 방법이다. 예를 들어 가입 금액의 절반만 환매하고, 나머지 절반은 만기까지 기다리는 것이다. 이렇게 하면 두 번째 안보다 리스크는 있지만 상환의 희망을 가질 수 있다. 아무래도 첫 번째 안보다는 훨씬 마음의 부담을 덜 수 있다.

넷째, 첫 번째 안과 비슷한 안으로 손실을 확정 짓지 않고 주식으로 전환시켜 그 주식을 받는 것이다. 이때 최종 평가일 하루 전일까지 결정해야 하고, 최종 평가 금액만큼 주식을 사게 된다. 이렇게 하면 손실을 확정시키지 않고 다음을 기약할 수 있는 기회는 얻게 된다. 단기 급락했거나 향후 전망이 밝은 주식이라면 고려해 봐도 괜찮다.

이와 같이 ELS 투자는 유의할 점도 많지만 상당한 투자 메리트를 갖고 있는 상품인 것만은 인정할 수밖에 없다. 최근 발행되는 ELS의 경우는 최초 기준가의 50%까지 급락해도 높은 수익률로 만기 상환이 가능하기 때문이다. 주가는 반 토막 났는데도 연 20% 안팎의 높은 수익률을 얻을 수 있다는 말이다.

하지만 간과해서는 안 될 점은 ELS는 주가나 지수의 전망에 따라 투자를 결정해야 한다는 것이다. 하락장인지 상승장인지 또는 연계되는 개별 종목의 주가 전망이 어떠한지를 분석하고 판단한 후에 투자해야 성공할 확률이 높다.

또한 단기 급등한 시점에서는 ELS 투자를 최대한 삼가는 것이 좋고, 모든 상품 투자가 그렇듯이 적절한 분산투자를 하는 것도 잊지 말아야 한다.

ELS 운용과 판매를 잘하는 증권회사도 분명 있으므로 평판과 과거의 운용 실적 등을 감안하여 증권회사를 엄선해서 투자해야 한다.

04

유상증자 시 주가 위치 확인하라

2009년 하이닉스반도체와 진흥기업 등 몇몇 기업들이 대규모 유상증자를 실시했고, 수조 원의 돈을 끌어들이는 등 상당한 흥행을 기록했다. 다행히 이 증자에 참여했던 주주들은 적지 않은 수익을 거두었다. 앞으로도 크고 작은 유상증자는 계속될 것이고, 그 중에서 옥석을 가려 투자하지 않으면 낭패를 입게 될 것은 두말할 나위가 없다. 우선 유상증자가 무엇인지, 유상증자는 어떤 방식으로 실시되는지부터 살펴보자.

유상증자란 기업이 자금을 조달하기 위해 주주들에게 주식을 발행하는 행위이다. 따라서 유상증자는 돈을 받지 않고 주식을 거저 나눠주는 무상증자와 대비된다.

유상증자는 기준 주가보다 30%가량 할인해서 발행하는 것이 일 반적이며, 누구에게 신주를 인수시킬 것인가에 따라 다음과 같이 세 가지 방식으로 구분된다.

첫째, 기존 주주에게 우선 배정하는 주주 배정 방식, 둘째 특수 인(법인)이나 임직원에게 우선 배정하는 제3자 배정 방식, 셋째 일반 인에게 공모하는 일반 공모 방식이다.

유상증자와 주가와의 관계

그렇다면 유상증자와 주가는 어떤 관계가 있을까? 통상 유상증자는 주주 입장에서는 악재로 받아들여 진다. 주식수가 늘어나는 만큼 주당 가치가 희석되는 효과가 있기 때문이다. 소위 '물타기' 효과가 생기는 것이다.

또한 30%가량 할인한 가격에서 증자 가격이 결정되기 때문에 상장 즈음에 상당한 대도 압력이 생기기도 한다. 특히 대규모 유상 증자일 경우, 공매도가 가능한 상장일 이틀 전날 대가 급락하는 경 향이 있다. 심지어는 하한가까지 기록하기도 한다.

그렇지만 증자 대금으로 새로 육성해 나갈 사업, 즉 '신수종' 사 업에 진출하거나, 공급이 달리는 공장의 캐파(생산 능력)를 늘린다면 주 가가 잘 빠지지 않고 오히려 강세를 띨 수도 있다.

무엇보다 상장 즈음의 증시 분위기가 매우 중요하다. 코스피지수가 급등 중이라면 물량 소화가 쉽게 이루어질 수 있지만, 반대로 급락 중이라면 하한가 행진도 있을 수 있다.

그럼 유상증자와 주가의 흐름을 한국거래소의 통계 자료를 토대로 분석해 보자. 한국거래소가 2009년 10월에 배포한 자료에 따르면, 2008년 초부터 2009년 9월 23일까지 유가증권시장에서 유상증자 결정 공시를 한 기업 중 제3자 배정, 일반 공모, 주주 배정 공모의 순서대로 주가 상승률이 높았다.

아래 표에서 보듯이, 유상증자 결정 공시 수는 196건으로 제3자 배정이 가장 많은 103건, 일반 공모가 50건, 주주 배정이 46건이었다.

그리고 유상증자 결정 공시일 전후 10일간의 시장 대비 수익률

유상증자 구분	공시 수	공시일 전후 10일간 초과 수익률
제3자 배정	103건	8.28%
일반 공모	50건	2.03%
주주 배정 공모	46건	-1.28%
계	196건	4.59% (평균)

유상증자 결정 공시 수와 공시일 전후 10일간의 초과 수익률

을 조사한 결과, 제3자 배정은 8.28%, 일반 공모는 2.03%로 각각 높았는데 반해, 주주 배정 유상증자는 오히려 1.28% 하락했다. 주주 배정 유상증자만 유독 주가가 내린 이유는, 기존 주주들이 유상증자 대금을 마련하기 위해 보유 주식을 파는 경향과 신주의 매수 단가가 낮아 신주 매도 의사가 강했기 때문이다.

유상증자 참여 시
유의할 점

마지막으로 투자자들이 유상증자에 참여할 때 유의할 점을 살펴보자.

유상증자를 하는 기업들은 대부분 초우량 기업들이 아니라는 점이다. 최근 몇 년 동안 삼성전자, LG화학, 현대차, PCSCO 등의 글로벌 기업들이 유상증자를 하는 사례를 본 적이 있는가? 아마 없을 것이다. 이들 기업은 엄청난 영업이익을 벌고 그 돈으로 투자도 하고 배당을 준다. 또 남는 돈은 유보해 미래의 투자를 의한 재원으로 사용한다. 굳이 유상증자를 할 필요가 없는 것이다. 또 돈이 필요하다고 해도 낮은 금리로 채권을 발행하거나, 은행 차입을 하기도 한다. 또 주가 부양을 위해 자사주를 매입하거나 소각하기도 하며, 두 상증자까지 하기도 한다.

유상증자 참여 시 무엇보다 조심해야 할 점은 유상증자 전후로 주가가 상당한 변동성을 보인다는 점이다. 평소 거래량의 몇 배가 거래되기도 하고, 주가가 몇 십 퍼센트나 오르기도 한다. 음모론적인 시각일 수도 있겠지만 작전 세력이 개입을 하거나, 회사가 주가를 띄우기도 하는 듯하다. 실제로 그 즈음에 많은 호재들이 공시되거나 뉴스화되기도 한다.

이처럼 높은 유상증자 가격을 만들고 대규모 자금이 납입되면 회사로서는 더할 나위 없이 좋겠지만 주주 입장에서는 마냥 웃을 일만은 아니다. 이런 증자 이후의 주가흐름을 보면 알겠지만, 소위 말하는 '무거운' 주식이 되어버리는 등 당분간 시장 수익률을 초과하는 수익률은 기대하기 힘들게 되기 때문이다.

이처럼 유상증자는 한마디로 호재와 악재를 구분하기가 힘들다. 그때그때 다르므로 시장 상황이나 기업 상황 등을 분석한 후에 유상증자 참여 여부를 결정하는 것이 돈을 지키고 불려가는 지름길이라고 할 수 있다.

05

투자자문
받을까, 말까

2009년 초 설정된 삼성증권의 자문형 랩Wrap Account
이 100%가 넘는 고수익을 달성하자, 증권회사별로 자문형 랩 출시
가 봇물을 이루고 있다. 자문형 랩은 증권회사가 직접 운용하는 기
존의 랩어카운트가 아니라, 증권회사가 고객의 자금을 위탁받아 투
자자문사와 일임 계약을 맺어 자금을 운용해 주는 방식을 띠고 있
다. 즉 자산 운용은 투자자문사가 담당하고, 주식 거래와 계좌 관리
만 증권회사가 담당하는 신종 랩 상품을 말한다.

그러나 자문형 랩을 잘 들여다보면, 결국 기존의 투자자문 서비
스와 별반 다를 게 없다는 것을 알 수 있다. 차이점은 밥상(수수료)에
엉뚱한 숟가락(증권회사)이 하나 더 놓여 있는 셈이다.

투자자문사의 지나친
성과 보수 체계

2000년대 중반 투자자문사는 큰 인기를 끌었다. 당시 투자자문사는 투자자들이 성과 보수가 전혀 아깝지 않게 느껴질 만큼 코스피지수 상승률을 크게 웃도는 좋은 성적을 거두었다.

하지만 경쟁 관계의 공모 펀드에 비해 탁월한 성과를 지속적으로 거두기 힘든 실정인데다가 만만찮은 비용 구조와 무리한 운용 등의 문제로 어려움을 겪게 되었다. 그 결과 고객들의 이탈이 생기면서 성장성이 둔화되고 말았다.

당시 지인들 다수가 투자자문사와 일임 계약을 맺고 거액을 맡겼었다. 처음에는 1억 원 이상이면 맡길 수 있었는데, 큰 인기를 끌자 가입 한도를 크게 올려 3억 원 이상을 요구하기도 했다. 계약 첫 해에는 괜찮은 수익률을 달성했다. 그래서 계약을 연장했는데, 그때 마침 비슷한 투자 철학을 표방하는 공모 펀드가 나왔다. 그리고 1년이 지났다. 결과는 어떠했을까? 투자자문사의 성과와 그 펀드의 성과가 별 차이가 없었다.

하지만 투자자들의 손에 쥐어진 돈에는 큰 차이가 생겼다. 바로 성과 보수 여부 때문이었다.

예를 들어 투자자문사와 펀드의 수익률이 똑같이 50%라고 하자. 펀드의 경우 세금 문제나 성과 보수의 문제가 없기 때문에 수익

	기본 수수료	성과 수수료	부과 기준	비고
Class A (선취형)	1.5%(선취)	10% 초과 수익의 15%	약정 금액	추가 납입 가능 최저 가입 금액 : 5,000만 원
Class B (후취형)	수익 발생 시에만 1.5%(후취)	10% 초과 수익의 20%	약정 금액	

웅진루카스투자자문의 '루카스 또또사랑 일임형' 수수료 체계

률 50%는 모두 투자자에게 주어진다. 하지만 투자자문사의 경우는 다르다. 성과 보수 체계가 10% 초과 수익률의 15%를 성과 보수로 주는 경우, 10%를 초과한 40%(50%–10%)의 15%인 6%(40%×15%)를 투자자문사에 지불해야 한다. 결국 투자자들의 손에는 44%(50%–6%)밖에 남지 않는 것이다.

따라서 투자자들 입장에서는 상당히 아깝다는 생각이 들 만하다. 50%의 수익률을 낸 것이 투자자문사의 능력 때문이 아니라 시장흐름 때문이라는 판단에서다.

실제로 비슷한 사례들이 많았고 투자자들은 일임 계약 갱신을 놓고 많은 고민을 했다.

선취수수료도 아깝기는 매한가지이다. 일임 계약은 매년 이루어지므로 투자자문 서비스를 계속 받는 경우, 매년 1.5%씩 선취수수료를 내야만 하는 것이다.

보통 주식형 펀드의 경우는 선취수수료가 있는 경우 1% 정도를 내고 시작한다. 다음 해도, 그 다음 해에도 선취수수료 걱정은 할 필요가 없다. 선취수수료는 환매하기 전까지는 단 한 번 내는 것으로 끝나기 때문이다.

탁월한 투자자문사를 찾을 수 있다면 투자자문사와 일임 계약을 맺는 것이 훨씬 더 좋다. 그러나 개인투자자들이 뛰어난 투자자문사를 찾는 것이 그리 쉬운 일이 아니기 때문에 그냥 똑똑한 펀드에 가입하거나, 아니면 ETF에 투자하는 것이 바람직할 것이다.

끊이지 않는 애널리스트들의 자질 논란

"애널리스트 말만· 믿고 샀는데 기다리다 지쳐서 정리하려고 한다. 증권회사 보고서만 믿었다가 낭패를 봤다."

2009년 10월, 풍력 단조(鍛造 : 금속 재료를 압축하거나 타격함으로써 그 물리적 성격을 향상시켜 각종 기계 장비 부품을 만드는 작업) 부품업체에 투자했다는 개인투자자 A씨가 전화를 걸어와 내게 0 렇듯 넋두리를 쏟아냈다.

A씨는 2009년 3월 보유 종목을 정리하고 풍력 단조업체 B사의 주식을 샀다고 한다. 당시 풍력주는 정부의 신재생 에너지 정책 테마를 등에 업고 상승 흐름을 타고 있었다. A씨의 말에 의하면, 자신이 풍력주에 대한 투자를 결정하는 데 '테마'와 '실적'을 겸비한 우량주란 상찬을 쏟아낸 증권회사들의 분석이 결정적인 역할을 했다고 했다.

애널리스트들의 말처럼 2009년 상반기까지는 주가흐름이 매우 좋았다. 그러나 하반기로 접어들면서 조금씩 떨어지기 시작하더니, 최근에 풍력주는 연 고점 대비 반 토막 수준으로 급락했다. 세계적인 풍력시장의 침체로 수주 지연 및 취소 사태가 발생하면서 실적 악화가 현실화되었기 때문이다.

A씨는 이 과정에서 몇 번이고 손절매 타이밍을 엿보았지만 증권회사 보고서를 읽고 마음을 고쳐먹었다고 했다.

"3분기가 되면 풍력시장이 되살아나고 수주 실적도 회복된다기에 여태껏 기다

렸다. 하지만 웬걸, 실적 회복 기미도 없고 주가는 끝없이 내려갔다. 무조건 사

라고 하더니……."

이런 상황이 비단 A씨만의 사례는 아닐 것이다. 풍력주에 대해 일부 증권회사 애널리스트들이 보인 그간의 모습은 투자자들에게 양치기 소년으로 느끼기에 충분했기 때문이다.

풍력발전 업황이 최악인데다 해당 종목의 실적과 펀더멘털이 악화되고 있는데도 일부 증권회사들은 최근까지도 풍력주 '매수' 의견을 내놓고 있다. 실적 악화와 주가 하락에 마지못해 목표 주가를 한꺼번에 대폭 낮추면서 심지어 '저가 매수 기회'라는 보고서를 작성한 증권회사도 있다.

물론 애널리스트라고 해서 업황 전망이나 실적 개선 시점을 정확히 예측할 수는 없을 것이다. 업황이 개선되면 국내 풍력 단조업체들의 실적이 되살아나 주가가 다시 뛸 수도 있다. 그래서 기업의 미래가치에 중점을 두고 증권회사들이 매수 의견을 내는 것일 수도 있다.

하지만 애널리스트들의 주된 역할 중에 하나는 기업의 현재가치를 최대한 정확히 평가하고 투자자들에게 알리는 일이다. 이 같은 무책임한 '무조건 매수' 보고서는 진정 지양해야 한다.

또한 애널리스트들이 도마에 오르는 이유는 이들의 '뒷북치기' 행태 때문이다. 애널리스트들은 기업 분석과 주가 전망을 하는 것이 그들의 본분인데, 이를 제대로 수행해 내는 자질 있는 애널리스트들을 거의 본 적이 없는 듯하다. 대부분의 애널리스트들이 뒷북치기, 즉 상황이 종료되었거나 한참 진행 중일 때 독서나 영화 감상문 쓰듯이 보고서를 발표한다.

나의 생각에는 애널리스트들의 학력도 매우 중요할 수 있으나, 무엇보다 지점 근무 또는 일반 기업체 근무와 같은 현장 경력 없이 책상만 지키고 앉아서 업무를 보는 것이 가장 큰 문제라고 생각한다.

또 애널리스트들에게 문제시되는 행태가 바로 지나치게 '낙관적'이라는 점이다. 연태훈 한국개발연구원KDI 연구위원과 박창균 중앙대 경영학 교수가 함께 발표한 '이해 상충과 애널리스트 예측'이라는 논문을 살펴보면, 지난 2003～2007년 동안 증권회사 어널리스트들의 분석 보고서 15만 3,929건 중에 65%(10만 54건)가 실제 주당순이익보다 높은 예측치를 전망하고 있는 것으로 나타났다.

즉 보고서 세 편 가운데 두 편은 낙관적인 예측을 하고 있다는 말이다. 실제로 애널리스트들의 보고서 중에 '매도' 보고서를 찾기란 쉽지 않다. 이는 증권회사 수익의 상당 부분이 매매 약정 수수료여서 매도보다는 매수 보고서가 많을 수밖에 없고, 기존 주주들의 항의가 두렵기 때문일 것이다.

무엇보다 애널리스트들이 분석 대상 기업의 IR 자료를 토대로 보고서를 작성하기 때문에 이와 같은 결과가 나타난 것으로 생각된다. 각 기업의 IR 담당자들은 자사에 대해 좋은 면 위주로 보여주고 싶기 마련이고 이를 강조하고자 했을 것이다. 애널리스트 입장에서는 이런 내용을 거르는 작업을 하겠지만 IR 자료의 특성상 이것으로부터 정확하게 분석해 내기란 쉽지 않을 것이다.

애널리스트들 역시 사람이고, 우리와 크게 다를 바 없는 개미투자자일 수밖에 없다. 따라서 그들의 보고서를 곧이곧대로 받아들이지 말고, 자신만의 잣대를 가지고 가치를 따져보고 판단하는 능력을 키워야 할 것이다.

FUND
BANK
10000
10000
10000
10000

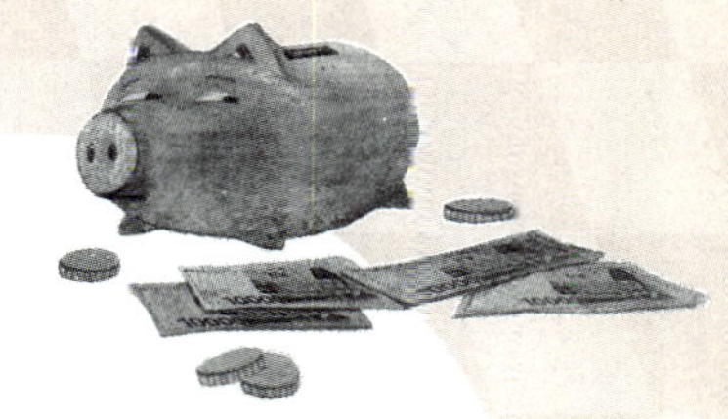

펀드 믿습니까

: 잘 고르면 '돈 되고'
못 고르면 '돈 새는' 펀드투자 :

통장의
고백

운용사의 1호 펀드를
주목하라

펀드투자를 고려할 경우에는 금융회사의 전략 펀드인 '1호 펀드'에 주목할 필요가 있다. 실제로 자산운용사들이 처음으로 출시하는 펀드상품의 수익률이 다른 상품들보다 대개 성적이 좋은 것으로 나타났다.

투자자들에게 처음으로 내놓는 자신들의 상품인 만큼 특별한 관심과 각고의 노력으로 관리하기 때문일 것이다. 한마디로 '목숨 걸고 운용하는 펀드'라고 해도 과언이 아닐 듯하다. 그러니 성과가 나쁠 리 없지 않은가?

대표적인 1호 펀드
성공 사례

1호 펀드의 성공 사례들은 쉽게 찾아볼 수 있다. 예를 들어 펀드업계에서 전설로 통하는 '미래에셋펀드'가 대표적이다. 여전히 펀드업계의 절대 강자로 군림하고 있는 미래에셋의 성공 요인 중 하나는, 바로 실질적인 1호 공모펀드인 '인디펜던스펀드'와 2호인 '디스커버리펀드'가 대박을 터트린 결과이다.

미래에셋 1, 2호 펀드의 연이은 홈런 덕분에 시중 자금은 물밀듯이 미래에셋으로 유입되었고, 그 돈은 다시 기존 펀드의 편입 종목을 매수함으로써 재투자되었다. 이렇게 지속적인 자금 유입과 주식 매수가 이어지면서 미래에셋은 확실한 선순환 경제를 창출할 수 있게 되었다.

심지어 나중에는 미래에셋 따라 하기가 유행할 정도였다. 미래에셋이 사는 종목을 눈치껏 재빨리 사는 것이 다른 운용사들에게는 펀드 수익률 순위를 한 자리라도 올릴 수 있는 방법이었다.

또 한 가지 사례는 2006년 화려하게 시작했던 '10년 투자펀드'이다. 이 펀드는 한국밸류자산운용의 '10년 투자 주식 1호' 펀드로 회사의 전략 펀드였다. 이미 투자업계에서 상당히 유명세를 타고 있던 현 이채원 부사장이 CIO(최고투자책임자)로 투입되어 이 상품을 간판 펀드로 키워냈다.

10년 투자펀드의 성공으로 한국밸류는 가치주펀드 전문 운용사로 확실히 자리매김을 했다.

증권 정보업체인 에프앤가이드에 따르면, 2008년에 출범한 신생 운용사들의 새내기 펀드 수익률의 경우 상당히 우수한 편이라고 밝혔다. 아래 표에서도 알 수 있듯이, 신생 자산운용사의 1호 펀드들의 성적은 실제로 괜찮았다.

특히 2008년 6월에 설정된 트러스톤자산운용의 '칭기스칸펀드'는 2009년 9월 22일 현재 연초 이후로는 71.3%로, 설정 이후 수익

(단위 : 억 원, %)

펀드명	운용사	설정액	1개월	3개월	연초 이후	설정 후
트러스톤칭기스칸증권투자신탁 [주식]A클래스	트러스톤	552	7.35	23.55	71.30	42.65
에셋플러스코리아리치투게더 증권투자신탁-자1	에셋플러스	162	6.79	17.97	58.88	26.94
에셋플러스차이나리치투게더 증권투자신탁-자1	에셋플러스	136	3.27	11.98	46.98	10.28
GS골드스코프증권투자신탁1 [주식]Class A1(자)	GS	7	6.75	18.32	58.76	33.41
LS장수기업포커스증권투자 신탁1(주식)A	LS	42	8.18	24.91	57.33	49.73
라자드코리아증권투자신탁 (주식)클래스A	라자드코리아	2	6.62	16.24	47.19	27.00
트러스톤칭기스칸MKF녹색성장 증권투자신탁(주식)A클래스	트러스톤	3	7.23	26.16		19.79
현대그린증권투자신탁1 [주식]종류A	현대	4	7.88			19.73

＊출처 : 에프앤가이드, 2009년 9월 22일 기준

주요 신생 1호 펀드 수익률

률이 42.65%에 달해 신생 운용사의 1호 펀드들 중에 군계일학의 좋은 성적을 거두고 있는 것으로 나타났다.

현대증권이 전액 출자해 2008년에 설립한 현대자산운용이 2009년 7월에 출시한 '드림펀드'는 김지환 CIO가 직접 운용을 담당하고 있다. CIO가 주식 운용 본부장으로서 개별 펀드의 운용을 직접 담당하는 것은 이례적인 일이라 세간에 주목을 받기도 했다. 그는 현대증권의 투자 전략가로 활동하면서 유명세를 떨치기도 했었다. 또한 현정은 현대그룹 회장이 이 펀드에 투자한다고 해서 관심을 끌기도 했다.

이처럼 펀드매니저의 판단과 능력에 따라 적극적으로 운용되는 액티브펀드를 고를 때에는 이왕이면 1호 펀드를 고르는 것이 여러모로 유리하다.

운용사가 밀고 있는
전략 펀드도 눈여겨보자

1호 펀드와 비슷한 측면에서 주목해야 할 펀드는 운용사가 밀고 있는 전략 펀드이다. 전략 펀드의 대표적인 예로는 신영자산운용의 '마라톤펀드'를 들 수 있다. 가치주 펀드의 대명사로 불리는 마라톤펀드는 좋은 수익률로 장기 투자자들이 가장 선호하는 펀드이기도 하다.

삼성투신운용의 '스트라이크펀드'도 전략 펀드 중에 하나이다. 이 펀드는 2000년도에 설정된 중고 펀드인데, 원래는 '밀레니엄 드래곤 승천 펀드'라는 이름이었다가 '스트라이크펀드'로 바꾸고 마케팅을 강화하는 등 간판 펀드로 키운 사례이다. 이 펀드는 좋은 수익률을 기록했던 알짜 펀드임에도 잘 알려져 있지 않다가 최근 주목받고 있는 펀드이다. 스트라이크펀드의 수익률은 2009년 9월 23일 현재 78.35%로 국내 주식형 펀드의 평균 수익률인 55.95%보다 23%포인트가량 높은 것으로 나타났다.

'10년 투자펀드'의 허와 실

가치주펀드 하면 떠오르는 펀드는 아마 '10년 투자펀드'일 것이다. 이 펀드가 유명해진 데는 한국밸류자산운용의 이채원 CIO의 영향이 컸다. 그는 한국의 워렌 버핏이라고 불릴 만큼 가치투자의 전도사 역할을 해왔고, 펀드 출시 당시에 이미 상당한 지명도와 유명세를 떨치고 있었다. 또한 한국투자증권(구 동원증권) 팀장 시절 발군의 운용 능력을 선보이기도 했었다.

10년 투자펀드 이전에는 신영투신운용의 '마라톤펀드', 템플턴투신운용의 '그로쓰펀드' 등이 대표적인 가치주펀드로 통했다. 하지만 한국밸류의 전사적인 노력과 모회사인 한국투자증권의 전폭적인 지원 덕분에 국내 최대의 가치주펀드가 되었고, 지금까지 최상위권의 좋은 운용 성과를 보여주고 있다. 그렇지만 10년 투자펀드의 대대적인 히트 이면에 가려진 문제 또한 낱낱이 따져볼 필요가 있다.

펀드 운용비용이
너무 비싸다

먼저, 펀드 운용비용이 너무 높다는 점이다. 10년 투자펀드는 연 보수가 2.84%에 달하는데, 이는 주요 액티브펀드의 연 보수인 2.5%보다 높고, 패시브펀드(인덱스펀드) 연 보수의 두 배에 달하는 수준이다. 경쟁 펀드인 마라톤펀드의 연 보수가 1.55%인 것과 비교해 볼 때 바가지 비용을 부과하고 있다고 해도 과언이 아니다. 게다가 펀드 비용이 높다고 해서 그 성과가 마라톤펀드보다 월등히 뛰어난 것도 아니다.

대개 펀드 규모가 일정 수준을 넘어서면 펀드 운용에 어려움이 가중된다. 우리나라 증시 규모를 비춰볼 때, 펀드 규모가 5,000억 원을 넘어서면 3M 수익률(벤치마크 수익률로, 펀드가 목표로 하는 수익률을 말한다.) 이상의 좋은 성적을 내기가 쉽지 않다. 즉 아웃퍼폼(Outperform : 시장 수익률 상회)하기가 어렵다는 것이다.

특히 1조 원이 넘는 초대형 펀드들은 말만 액티브펀드, 가치주펀드, 배당주펀드이지 실질적으로는 인덱스펀드와 별 다를 바 없게 된다. 실제로 최근 3개월, 6개월, 1년 기간 동안의 수익률을 살펴보면 이 같은 사실을 쉽게 확인할 수 있다.

한마디로 겉보기만 테마 펀드이지 실질적으로는 인덱스펀드인데도 지나치게 높은 보수를 받고 있다는 것이 문제이다.

보수는 단기 투자자에게는 큰 변수가 아닐 수 있으나, 장기 투자자에게는 대단히 중요하고 민감한 문제이다. 예를 들어 연 3%의 보수를 10년 동안 지불한다고 해보자. 단순하게 생각해도 30%의 보수를 내는 게 아닌가? 게다가 보수가 매일매일 빠져나가는 구조임을 감안하면 말이 연 3%이지, 실제로는 연 3.5% 이상의 실질 비용을 지불하고 있는 셈이다. 재투자 수익률을 CMA 금리로 낮춰 잡는다고 해도 그 정도의 비용이 나온다.

어차피 덩치가 큰 펀드들의 경우 수익률이 거기서 거기일 가능성이 큰데 다른 펀드들보다 1%, 2%씩 비싼 보수를 내면서까지 굳이 투자할 필요가 있는지 생각해 봐야 한다.

환매수수료 부과 기간이
너무 길다

또 반드시 짚고 넘어가야 할 것이 바로 환매 제한이다. 요즘에는 환매수수료를 부과하지 않는 펀드들도 많아졌지만, 대개 펀드 가입 후 3개월이 경과하지 않은 시기에

환매 제한 기간	365일 미만	730일 미만	1095일 미만
환매수수료율	이익금 기준의 70%	이익금 기준의 50%	이익금 기준의 30%

10년 투자펀드의 환매수수료율

환매를 하면 만만찮은 환매수수료를 물게 된다. 통상 이익금의 70%를 환매수수료로 떼고, 나머지인 30%와 원금은 돌려주는 것이 일반적이다.

그런데 10년 투자펀드는 장기 투자를 유도한다는 명분하에 최대 3년까지 환매수수료를 물게 하고 있다.

코스닥 종목 편입 비중이
너무 높다

10년 투자펀드의 문제점은 비단 펀드 비용과 환매수수료뿐만이 아니다. 이 펀드의 코스닥 종목의 편입 비율을 살펴보면 2009년 8월 3일을 기준으로 할 때 무려 33.12%에 달한다. 같은 유형 펀드들의 코스닥 종목 평균 편입 비율인 4.8%와 비교해 볼 때 코스닥 종목의 편입 비중이 지나치다는 것을 확인할 수 있다.

그리고 10년 투자펀드의 편입 종목을 실제 매매해 본 결과, 대체로 거래량이 지극히 적어 비싸게 사고 싸게 팔아야 하는 경우가 많았다. 이 펀드를 운용하는 펀드매니저들 역시 이 같은 고민을 할 것이 분명하다.

예를 들어 지금은 편입 종목에서 제외되었지만 한때 10%가 넘는 지분을 가지고 있었던 한일철강의 사례를 거론하지 않을 수 없다. 한일철강의 경우, 상장주식수가 204만 주에 불과해 하루 거래량이 1,000주를 못 넘길 때도 많은데, 10%의 주식을 단기간에 처분하기란 여간 어려운 일이 아니었을 것이다. 결국 이 종목은 단기간에 처분되었고 주당 매도가가 1만 원도 채 되지 못했다. 과거 몇 년간 3만~4만 원대의 고가를 유지했을 때 이 종목을 처분하지 못한 점을 두고 보더라도 이 펀드의 운용 능력을 실로 의심하지 않을 수 없다.

실제로 고수 투자자들 중에는 10년 투자펀드가 편입하는 종목은 매매하지 않는 이들이 많다. 심지어 이들은 10년 투자펀드가 사기 시작하면 전량 팔아버리기도 하는데, 이 펀드가 사기 시작하면 수급이 나빠져 운용에 악영향을 끼치기 때문이라고 한다.

나 역시 이 펀드를 2년 이상 관찰해 본 결과 그들의 말이 일리가 있음을 알 수 있었다.

10년 투자펀드는 2006년 4월에 펀드 운용이 시작되었고, 본격적인 자금 유입은 2007년에 이루어진 것으로 보아 실질적인 환매는 아직 없었다고 판단된다. 환매 제한 3년이 지나면 적지 않은 투자자-들이 환매를 신청하게 될 텐데, 아마도 2010년 즈음에 본격적인 환매가 시작될 것으로 보인다. 지금까지 이렇다 할 환매가 없었기에 좋은 성적을 유지한 것인지 아닌지 이 시기에 이르면 여부가 판가름 날 것이다.

10년 투자펀드는 워렌 버핏 식의 가치투자를 한국에 정착시키는 데 크게 기여하기도 했고, 펀드 투자자들에게 친절한 펀드 운용 보고서를 제공하는 등 펀드투자 대중화에 큰 영향을 끼친 긍정적인 면이 있다는 점은 분명 인정한다. 그러나 위의 문제들을 검토하고 개선하지 않으면 지금의 명성을 유지하기란 결코 쉽지 않을 것이라는 점을 운용사는 기억해야 한다.

03

이름 따로 운용 따로
겉 다르고 속 다른 펀드상품들

미래에셋의 '인사이트펀드'는 우리나라 펀드 역사상 길이 남을 많은 기록을 세웠다. 인사이트펀드 상품을 출시한 지 며칠 지나지 않아 4조 원가량의 설정액을 기록했으니 말이다.

앞서도 잠깐 언급한 바 있지만, 이 펀드를 너도나도 가입하려고 은행과 증권회사에서 대기표 200번을 감수해야 했을 정도로 큰 인기를 끌었다.

미래에셋의 인사이트펀드는 펀드매니저의 통찰력에 의해 자산 배분과 운용이 가능한 블라인드 펀드Blind Fund가 국내에서도 통할 수 있다는 증거를 보이는 듯했다.

그러면 이 펀드의 실적은 어떠했을까? 한마디로 최악이었다. 미

래에셋의 인사이트펀드 모집 당시에 증시가 고점인 것도 문제였지
만, 그보다 이해할 수 없는 것은 운용상의 문제였다.

인사이트펀드는
묻지마 펀드?

사실 인사이트펀드는 말만 인사이
트insight지, 실질적으로는 '묻지마 펀드'라고 해도 과언이 아니다. 은
용사는 '그동안 우리가 얼마나 높은 수익률을 올렸는지 알지 않는
가? 그냥 묻지 말고 맡기만 다오'라는 식으로 돈을 끌어 모았다.

그런 와중에 여기저기서 인사이트펀드가 결국 묻지마 펀드가
아니냐는 지적이 일자, 이에 운용사는 MSCI지수(미국의 모건스탠리 캐피털
인터내셔널 사가 작성해 발표하는 세계 주가지수)를 따르는 식으로 운용하겠다고 밝
혔다.

하지만 인사이트펀드는 어느새 '차이나펀드'로 둔갑해 버리그
말았다. 미래에셋 박현주 회장의 중국 사랑은 실로 남다른 것으로
익히 잘 알려져 있다.

이런 일련의 상황을 지켜보면서, 과거 회장님들(이 건희, 김석원 회장)의
자동차 사랑이 그룹을 위기로 몰아갔던 대목이 오버랩 되는 것은 내
개인적인 생각단은 아닐 듯하다.

배당주펀드, 이름만 배당주
실체는 고위험 펀드

인사이트펀드와 비슷한 사례로 이번에는 배당주펀드에 대해 살펴보고자 한다. 국내 배당주펀드는 2009년 9월 22일 현재 약 60개, 설정액은 4조 원 규모로 국내 주식형 펀드의 약 7% 규모를 차지하고 있다.

배당주펀드는 높은 배당수익과 자본이익을 동시에 추구하는 펀드이다. 장기적인 이익 달성을 추구하므로, 여느 액티브펀드에 비해 변동성이 적어 안정적으로 운용되는 특징이 있다.

그렇다면 실제로도 배당주펀드의 정의처럼 운용되고 있을까? 이에 답하자면 그렇지 않다는 점이다. 주요 배당주펀드의 편입 종목들이 배당 성향보다는 시가총액 상위 종목으로 구성되어 있고, 즉 배당주가 아닌 고위험 등급 주식들이 많은 것으로 나타났다.

주요 배당주펀드의 상위 포트폴리오를 살펴보면 다음 표와 같다

(157페이지 표 참조)

신한금융투자에 따르면 '하나UBS 배당 60 주식투자신탁1(C)', '삼성 배당주 장기 주식투자신탁1(C)', '신영 프라임배당 적립식' 등 설정 규모가 큰 국내 주요 배당주펀드의 최근 포트폴리오는 보통주에 대한 현금 배당금과 배당 성향이 높은 중소형 종목 위주가 아닌, 시가총액 상위 지수를 추종하는 것으로 조사됐다.

이러한 펀드 구성은 펀드 규모가 커지면서 현실적인 한계를 감

하나UBS배당60 1(C)		삼성배당주장기1(C)		신영프라임배당적립식		마이다스블루칩배당1(A1)	
종목명	비중(%)	종목명	비중(%)	종목명	비중(%)	종목명	비중(%)
삼성전자	8.43	삼성전자	12.74	삼성전자	6.25	삼성전자	11.43
POSCO	6.51	엔씨스프트	5.76	한국전력	3.86	POSCO	4.98
KT	5.08	LG전자	5.05	KT	3.86	현대차	3.37
LG전자	3.85	POSCO	4.2	POSCO	3.83	KB금융	3.29
LG	3.39	현대모비스	3.19	LG전자우	3.33	LG전자우	3.27
웅진코웨이	3.24	효성	3.09	LG화학우	2.91	KT	3.03
KT&G	2.89	KB금융	3.04	현대차우	2.54	LG화학	2.79
LS산전	2.81	현대차	2.91	한국가스공사	2.26	한진 중공업	2.68
태광	2.64	삼성SDI	2.66	SK텔레콤	2.12	KCC	2.44
LG전자우	2.48	LG디스플레이	2.64	KB금융	2.12	신한지주	2.44
비교 지수 KODI × 100%		KOSPI 90%+CD 10%		KOSPI 90%+CD 10%		KOSPI 75%+CD 25%	

* 주 : 제로인 유형 중 설정액 상위 4개, 운용사별 각 1개 기준임. 2009년 7월 1일 기준.
* 출처 : 제로인, 신한금융투자

주요 배당주펀드의 상위 포트폴리오

안한 결과로, 배당수익보다 자본 차익에 의한 수익률 기여도가 월등하기 때문에 투자 영역이 넓어진 결과로 볼 수 있다.

따라서 전문가들은 상대적으로 위험 등급이 낮으면서 안정적인 수익을 기대하며 배당주펀드에 투자하더라도, 펀드를 선택하기 전에 배당주펀드가 대부분 초고위험 등급임을 인지할 필요가 있다고 지적한다.

또한 대형주의 기여 비중이 점차 높아지고 있는 상황에서, 최근 외국인 주도의 증시흐름을 감안할 때 특정 업종 위주의 매수세가 지속된다면 배당주펀드 내에서의 수익률 차별화가 커질 가능성도 높다는 분석이다.

이계웅 신한금융투자 연구원은 "배당주펀드 투자는 계절적인 최적 타이밍을 찾는 시도보다는 배당주펀드 고유의 매력에 초점을 맞춰 시간 분산투자의 원칙을 유지할 필요가 있다. 펀드에 포함된 기업들의 배당 지급 여력과 배당금 증대 가능성, 배당에 대한 인식 증가 등을 고려해야 한다"고 지적했다.

04

대형 펀드는
비전 없다

이제 대형 펀드의 시대는 저물고 있는 듯하다. 대형 펀드의 대명사로 불리는 미래에셋 '디스커버리펀드'의 수익률 추이를 살펴보면, 이런 의견이 근거 없는 것이 아님을 알 수 있다. 디스커버리펀드의 3년, 5년 기간 동안의 수익률은 여전히 최상위권이지만, 최근 1년(2009년 10월 현재) 동안의 수익률은 확실히 평범한 수준에 머물고 있기 때문이다.

이런 부진한 성적을 일각에서는 일시적인 슬럼프로 전망하고도 있지만, 내 생각은 그와 다르다. 향후 이 펀드는 중상위권은 유지할 것으로 보이나, 그렇다고 해서 벤치마크 대비 탁월한 성과를 보이기는 어려울 것이라는 판단이다.

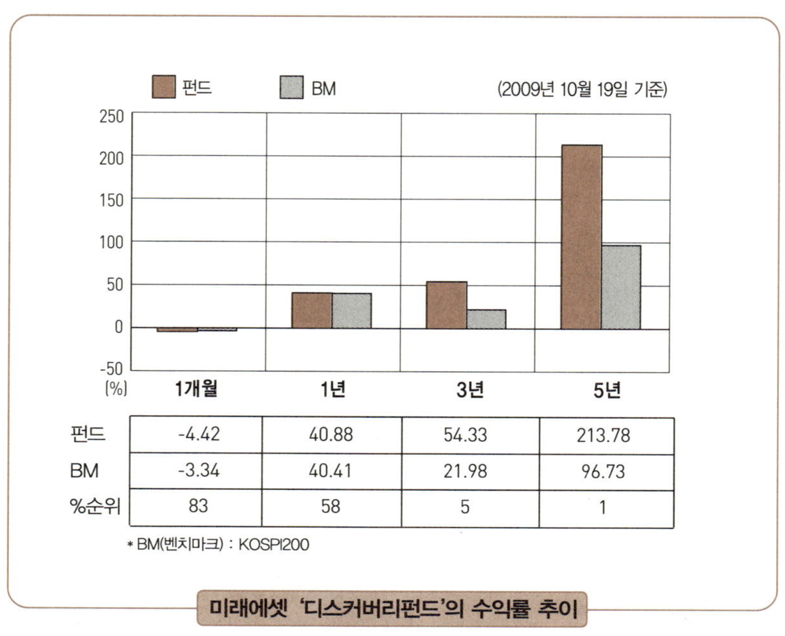

	1개월	1년	3년	5년
펀드	-4.42	40.88	54.33	213.78
BM	-3.34	40.41	21.98	96.73
%순위	83	58	5	1

* BM(벤치마크) : KOSPI200

미래에셋 '디스커버리펀드'의 수익률 추이

대형 펀드, 한때 펄펄 날더니
수익률 곤두박질

미래에셋의 2인방인 '디스커버리펀드'와 '인디펜던스펀드'는 누적 수익률이 700%에 달하는 놀라운 성적을 거뒀다. 가히 국가대표급 펀드라고 할 만하다. 이 펀드들이 탁월한 수익률을 거둔 데에는 미래에셋의 우수한 운용 능력을 거론하지 않을 수 없다. 실제로 이 펀드들이 설정된 2001년 당시는 지수가 저점이었고 주가는 완전히 바닥을 기고 있었다. 현재 20만 원,

30만 원을 넘보는 고가인 LG전자, LG화학 등의 주식들도 당시에는 2만~3만 원대의 중저가에 머물렀을 정도이다. 한마디로 저가에 주식을 긁어모으기 좋은 시기였다.

그리고 미래에셋 입장에서는 모든 힘과 열정을 다해서 간판 펀드인 이 펀드들을 사력을 다해 운용했을 것이다.

이 펀드들이 탁월한 성적을 거둔 결정적인 요인으로는 초기 몇 년 동안은 펀드 자산이 몇 백 억, 몇 천 억 원 수준에 머물렀다는 점을 간과해서는 안 된다. 즉 고수익을 내기에 적당한 펀드 규모였다는 것이다.

하지만 펀드매니저 일장에서 생각해 볼 때, 지난 몇 년 동안 덩 조 원이나 달했던 이들 펀드를 굴리기가 결코 쉽지 않았을 것이라는 점이다. 투자업계에서는 5,000억 원만 넘어가도 운용이 어렵다고들 한다. 그래서 대형 펀드는 일단 코스피200 종목을 웬만큼 편입하그, 소수의 핵심 종목으로 수익률 게임을 펼칠 수밖에 없다. 수익률 게임에서는 확실히 중소형 규모의 펀드가 절대적인 우위에 있다는 것은 운용업계의 관계자라면 누구나 인정하는 사실이다.

즉 최근 미래에셋의 대표 펀드들이 예전과 같은 위력을 보여주지 못하는 것은 너무 커져버린 펀드 규모 탓이라는 게 내 결론이다. 따라서 이 펀드들은 지난 몇 년 전과는 확연히 다른 방식으로 운용이 될 것이라는 점도 전망해 볼 수 있다.

높은 수익률을 기대한다면
중소형 펀드에 투자하라

결론적으로 말하자면, 벤치마크를 초과하는 탁월한 수익률을 기대한다면 대형 펀드가 아닌 중소형 규모의 펀드에 가입해야 한다. 앞서도 언급한 바 있지만, 운용사마다 확실히 밀고 있는 주력 펀드가 있다. 그런 펀드 가운데 규모가 몇 백억 원 단위의 펀드라면 거의 성공할 확률이 높다.

대형 펀드는 앞서 살펴본 이유들로 인해 인덱스펀드로 전락하게 되어 있다. 실질적으로 인덱스펀드인데 굳이 비싼 수수료와 보수를 내면서 대형 펀드에 투자하는 것은 옳은 판단이 아니다. 대체로 연 2.5% 정도의 펀드 비용을 내는데, 이것이 10년이 모이면 25%이다. 비용 중에 보수는 매일매일 차감하는 구조라, 실제로 재투자 수익 등을 감안한 기회비용은 훨씬 커지게 마련이다.

이런 측면에서 볼 때 주목할 만한 펀드가 바로 ETF이다. ETF는 연 0.4~0.5% 안팎의 상대적으로 저렴한 펀드 비용을 내면 되기 때문이다.

투자자라면 누구나 어떤 펀드를 골라야 할지 고민이 될 것이다. 그렇지만 위의 내용을 감안한다면, 고수익은 올리지 못하더라도 최소한 펀드 평균 수익률 이상의 성적을 올리는 상품에 투자하는 것이 바람직한 투자 전략이라고 생각된다.

05

이도 저도 아닌 맛없는 비빔밥 혼합형 펀드

혼합형 펀드는 주식형 펀드와 채권형 펀드에 속하지 않는 상품으로, 주식·채권 등에 분산투자하는 상품이다. 한마디로 혼합형 펀드는 채권형 펀드와 주식형 펀드의 중간쯤에 위치하는 펀드라고 볼 수 있다.

아시다시피 채권형 펀드는 채권으로 운용하는 펀드이며, 단 1주의 주식도 편입되어서는 안 된다. 반면에 주식형 펀드는 주식 편입 비율이 60% 이상인 펀드를 말한다.

다시 말해 혼합형 펀드는 주식 편입 비율이 60% 미만인 펀드라고 보면 된다. 외국에서는 이 펀드를 밸런스 펀드라고 부른다. 혼합형 펀드는 주식 편입 비율이 높은 주식혼합형 펀드(50~60% 편입)와 채권혼합형 펀드(50% 미만)로 구분되지만, 이런 구분은 현실적으로는 큰 의미가 없는 듯하다.

혼합형 펀드로 수익과 안정성 두 마리 토끼 잡을 수 있을까

이와 같이 혼합형 펀드는 주식과 채권을 적절히 조절해가면서 안정적으로 운용할 수 있는 장점이 있지만, 한편으로는 어정쩡하게 운용될 소지가 있다. 정확한 기준이 없기 때문에 운용을 잘했는지 못했는지 판단하기가 애매모호한 것이다.

고객의 입장에서는 답답할 노릇이지만, 반대로 운용사 입장에서는 그만큼 부담이 없기 때문에 주식시장 핑계, 채권시장 핑계 등과 같이 고객의 항의에 대응하기가 쉽다.

또한 투자자 개인에 맞는 재테크가 불가능하다. 투자는 자신의 투자 성향을 고려하여 설계하는 것이 가장 바람직하다. 자신이 공격적인 성향이면 주식 비중을 높이고, 보수적인 성향이면 주식 비중을 낮춰 설계하는 식의 조치가 필요한데, 혼합형 펀드는 고객의 판단보다는 펀드매니저의 판단으로 그 비중을 조절하기 때문에 한마디로 위험을 파악하기가 어렵다.

민주영 미래에셋 투자교육연구소 연구위원도 이런 혼합형 펀드의 특성 때문에 이 펀드를 '맛없는 비빔밥'이라고 일컬으며 신중하게 가입할 것을 권한 바 있다.

이런 혼합형 펀드에서 또 한 가지 알고 넘어가야 할 것이 바로 수수료 측면이다.

아래 표는 미래에셋의 간판 펀드인 '디스커버리펀드' 시리즈 중에 주식형, 주식혼합형, 채권혼합형 펀드들을 하나씩 골라서 비교해 놓은 것이다.

이 표에서 주목할 것은 '선취수수료'와 '신탁 보수'이다. 표에서

		미래에셋 디스커버리 증권투자신탁3 (주식)종류A	미래에셋 디스커버리 증권투자신탁1 (주식혼합)	미래에셋 디스커버리 한아름30증권투자 신탁G1(채권혼합) 종류A
				(2009년 10월 9일 기준)
기본 정보	운용사	미래에셋자산	미래에셋자산	미래에셋자산
	펀드 유형	주식형	주식혼합형	채권혼합형
	설정일	2005.12.7	2005.12.7	2006.3.2
	순자산액	22,332	55	4
	제로인 등급(3년)	3		
	제로인 등급(5년)			
	선취수수료	투자 금액 1.00%	투자 금액 1.00%	투자 금액 0.80%
	신탁 보수	1.60	1.35	1.27
	최대 환매제한 기간	없음	없음	없음
	환매수수료	수수료 없음	수수료 없음	수수료 없음

펀드 유형에 따른 펀드 비용 비교

도 알 수 있듯이, 위 펀드의 순서대로 펀드 비용(신탁 보수 + 선취수수료)이 비싸다는 것을 확인할 수 있다.

즉 혼합형 펀드가 다른 유형의 펀드들보다 상대적으로 펀드 비용이 저렴하다는 것을 알 수 있다.

따라서 내가 운용사의 펀드매니저라면 보수가 비싼 주식형을 권하지 혼합형을 권하지는 않을 듯하다.

이런 펀드 비용 체계의 이해관계로 인해 결과적으로 현재까지 운용사들 가운데 혼합형 펀드를 간판 펀드로 내세우고 있는 곳은 아직 본 적이 없으며, 이는 앞으로도 마찬가지일 듯하다. 결국, 운용사나 펀드매니저 입장에서 보더라도 혼합형 펀드는 우선순위에서 밀릴 가능성이 높다.

따라서 웬만하면 혼합형 펀드에 가입하기보다는 주식형 펀드와 채권형 펀드에 각각 가입하는 편이 더 낫다고 본다.

장기주택마련저축펀드나 연금저축펀드의 경우도 마찬가지이다. 예전처럼 주식형 펀드가 없을 때에는 혼합형 펀드를 가입해야 했지만, 지금은 다양한 주식형 펀드들이 많이 출시되고 있으므로 주식형 펀드를 일차적으로 고려하는 것이 좋다.

이해를 돕기 위해 혼합형 펀드와 비슷한 맥락에서 한 가지 사례를 더 들어보겠다. 바로 국내 주식 비중이 60%가 넘는 해외 펀드가 그것이다.

2009년까지는 해외 펀드의 주식 매매 차익에 대한 비과세 혜택이 주어지고, 2010년부터는 과세를 한다. 국내 펀드의 경우는 여전히 비과세 혜택이 적용되고 있기 때문에 최근 해외 펀드를 환매하는 경향이 두드러지게 나타나고 있다.

특히 종합과세 대 상자들에게는 펀드의 과세가 매우 중요한 문제로 떠오르고 있다.

하지만 해외 주식투자를 하면서도 계속 비과세 혜택이 있는 펀드가 바로 앞서 언급한 국내 주식 비중이 60%가 넘는 펀드이다. 이 같은 펀드는 적지 않은 해외 주식이 있음에도 불구하고 국내 펀드로 분류되기 때문에 매대 차익에 대해서는 세금이 없기 때문이다.

그렇다면 비과세도 되고, 국내 및 해외 주식에 골고루 투자하여 좋은 수익률을 올릴 수 있는 상품은 없을까?

강조하건대, 그런 일석이조의 상품은 거의 없다는 점이다. 그리고 그런 상품이 있다고 하더라도, 실제 국내 주식과 해외 주식을 동시에 운용하는 것이 결코 쉬운 일이 아닐 것이다.

즉 황금 비율을 유지하며 운용하기도 힘들고, 각각의 펀드매니저 간의 협력도 원활하지 않을 것이다.

무엇보다 이런 펀드들은 운용사의 주력 펀드가 아닐 것이므로 적극적인 관리도 쉽지 않을 것이다.

이런 이유로 이들 펀드가 좋은 수익률을 올리기는 대단히 어려울 것이다.

실제로 이런 유형의 일종으로 볼 수 있는 미래에셋 'G클래스 대표 펀드의 1년 이상 장기 수익률은 그다지 좋지 못했다. G클래스 대표 펀드의 경우, 국내 주식형 펀드의 평균 수익률이나 이머징 마켓 주식형 펀드의 평균보다 낮을 때가 많았다는 점을 기억할 필요가 있다.

혼합형 펀드와 해외 펀드의 사례에서와 같이 복잡한 상품보다는 단순한 상품을 각각 골라서 투자하는 것이 더 낫다. 혼합형, 즉 하이브리드는 자동차에서는 환영받을지 모르지만 금융상품에서는 적합하지 않은 듯하다.

06

'착한' 펀드,
수익률도 기특할까

우리 옛이야기 중에 착한 흥부가 결국 큰 부자가 되다는 흥부전의 이야기를 모르는 사람은 없을 것이다. 그렇다면 이 야기가 아닌 현실 속에서는 어떨까? 안타깝지만 아마 흥부전과는 반대의 상황이 벌어지지 않을까 싶다. 실제로 현실 속에서 착하고 순수한 사람들은 잘 믿는 경향이 있어서 이런 속기 쉬운 성격 탓에 사기를 잘 당하는 등 많은 어려움을 겪는 것을 종종 보게 된다.

펀드투자에서도 이 같은 상황의 추이를 엿볼 수 있는 상품이 있어서 여간 흥미롭지 않다. 바로 'SRI펀드'가 그것이다.

착한 기업에 투자하는
SRI펀드

SRI Socially Responsible Investment 펀드란, 사회적 책임을 다하고 바람직한 가치를 추구하는 기업에 투자함으로써 수익률 달성은 물론 더 좋은 세상을 만드는 것을 목표로 하는 펀드이다.

한마디로 착한 기업에 투자하는 착한 펀드라고 할 수 있다.

SRI펀드에 편입되는 종목은 통상적인 우량주 가운데 환경, 사회적 역할, 기업 윤리, 기업지배구조가 투명한 기업 등의 요소에 주목해 이런 가치를 실천하고 있는 기업들 가운데 지속적으로 발전 가능성이 있는 기업을 선정하여 편입, 운용한다.

오늘날에는 기업에 영리 추구는 물론, 사회적 책임도 요구되고 있다. 실제로 세계적으로 사회책임투자 SRI 운동이 활발히 진행되고 있고 미국, 유럽 등 선진국에서는 SRI펀드에 돈이 몰리고 있다. 미국의 경우 2007년 한 해에만 SRI펀드로 3조 달러에 가까운 돈이 유입되었고, 유럽은 SRI펀드에 2조 6,650억 유로가 유입되어 지난 5년 동안 이 펀드에 유입된 돈이 무려 8배 급증했을 정도다.

선진국에 비하면 우리나라는 아직 걸음마 단계에 불과하다. 현재 출시되어 있는 국내 SRI펀드는 30여 개이고 순자산은 총 2,500억 원에 불과하기 때문이다.

하지만 수익률은 비교적 괜찮은 편이다. 2008년 10월 27일부터

2009년 10월 9일까지 SRI펀드의 평균 수익률은 73.60%를 기록했다. 같은 기간 500개 일반 주식형 펀드의 평균 수익률인 71.25%보다 2.35% 초과 수익률을 거뒀다.

SRI지수(한국거래소가 선정한 SRI 평가 우수 기업 70개 종목으로 구성된 사회책임투자지수)의 기록에서도 비슷한 결과를 얻을 수 있다. 2009년 1월 2일부터 11월 13일 현재까지 SRI지수 상승률은 43%에 달해, 코스피지수 상승률인 38%를 7%나 앞섰기 때문이다. 착한 기업에 투자하고, 그로 인해 사회적 책임을 다할 수 있음은 물론 내 자산도 늘려 갈 수 있다면 그야말로 일석이조가 아니겠는가?

SRI펀드
성적표는 어떨까

그럼 국내에는 어떤 SRI펀드가 있으며, 좋은 성적을 거두고 있는 상품에는 어떤 것이 있는지 살펴보자. 다음 표(172페이지의 표 참조)는 펀드평가회사인 모닝스타코리아 www.morningstar.co.kr의 자료를 토대로, 최근 1년간 수익률 상위 10개 SRI펀드를 순서대로 나열한 것이다.

과거의 수익률이 기래의 수익률을 보장하는 것은 아니지만 판단 자료로 충분히 활용 가치가 있다고 생각한다.

이 상품들은 10여 곳 이상의 펀드 판매사(은행, 증권회사 등)에서 가입

펀드명	1주%	1개월%	3개월%	6개월%	1년%	3년%
평균값	1.35	-2.14	1.46	11.82	46.48	28.64
동양Great Company(SRI) 증권투자신탁1(주식)	1.49	-1.84	-0.58	10.88	55.60	–
동양Great Company(SRI) 증권투자신탁1(주식)A	1.47	-1.97	-0.96	10.06	53.30	–
우리프런티어지속가능기업SRI 증권투자신탁1[주식]	1.39	-2.01	2.61	14.01	50.89	–
NH-CA대한민국SRI 증권투자신탁[주식]모	1.32	-1.85	2.90	15.73	48.41	36.83
한화SRI주식1	1.25	-2.29	1.89	16.83	48.10	–
우리프런티어지속가능기업SRI 증권투자신탁1[주식]C1	1.35	-2.20	2.03	12.78	47.62	–
한화SRI주식1(C2β)	1.23	-2.36	1.69	16.38	46.96	–
신한BNPP Tops아름다운SRI 증권투자신탁[주식]	1.61	-2.27	3.32	14.19	46.80	21.55
NH-CA대한민국SRI 증권투자신탁[주식]Class A	1.28	-2.03	2.39	14.67	45.78	29.43
신한BNPP Tops아름다운SRI 증권투자신탁1[주식](종류A)	1.58	-2.43	2.84	13.19	44.33	15.06

수익률 상위 SRI펀드 상품들

할 수 있고, 모닝스타코리아나 펀드닥터 www.funddoctor.co.kr 같은 펀드 평가회사 사이트에서 관련 정보를 얻을 수 있다.

아무리 취지가 좋은 상품이라지만 SRI펀드에서도 유의할 점은 분명 있다.

먼저, SRI지수 편입 종목이 코스피200 종목과 별 차이가 없다는 것이다. SRI지수에 편입된 70개 종목 가운데 단 5개 종목만이 코스

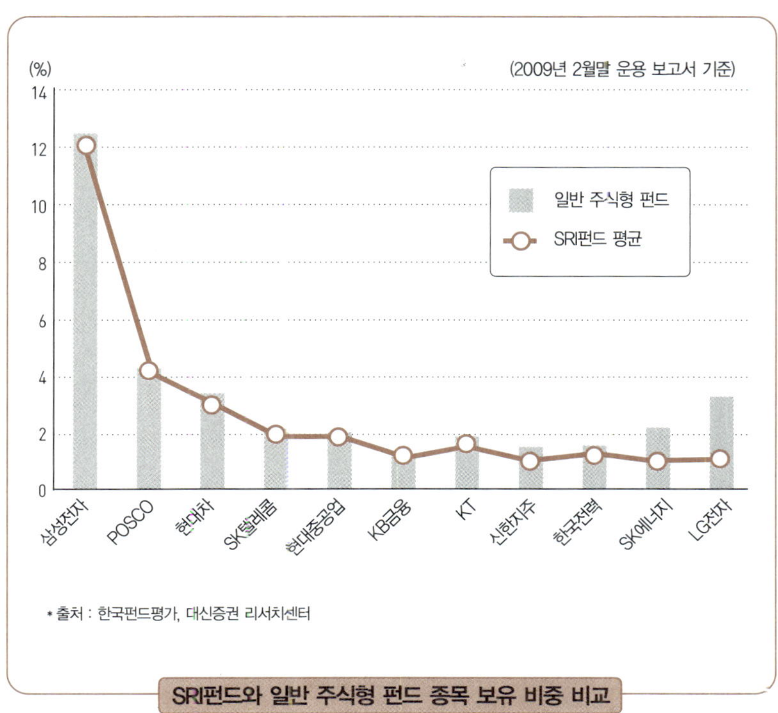

SRI펀드와 일반 주식형 펀드 종목 보유 비중 비교

피200에 포함되지 않았을 뿐이다. 사정이 이렇다 보니, 국내 SRI펀드와 일반 주식형 펀드의 차별성이 크지 않은 것으로 나타났다.

위 도표에서 보듯이, 펀드 내 주요 종목들의 보유 비중이 SRI펀드나 일반 주식형 펀드나 엇비슷한 것으로 나타났다. SRI지수 편입 70개 종목 가운데, 단 2개 종목만이 SRI 종목으로 분류할 수 있을 정도다.

심지어 사회적 해악을 끼치고 있는 기업도 상당히 많이 포함되어 있는 것으로 나타나, 좀더 엄격히 심사한 후 구성을 새로이 할 필요가 있음을 보여주고 있다.

또한 펀드 보수 문제를 짚고 넘어가지 않을 수 없다. 통상 일반 주식형 펀드의 보수는 연 2.5% 수준인데, SRI펀드도 이와 크게 다르지 않다는 것이 의아하다. 0.5%의 착한 보수가 적용되는 ETF까지는 어렵더라도, 보수가 1%를 넘는다면 타당하지 않다고 생각된다.

종합해 보건대, 현재 SRI펀드는 무늬만 SRI펀드란 느낌을 지울 수 없으며, 여느 테마 펀드처럼 한 차례 유행처럼 번졌다 스러지지는 않을까 우려된다.

07

분산투자 요령과 부작용
꼼꼼히 따져보자

“달걀을 한 바구니에 담지 말라”는 익히 잘 알려진 투자 격언에서도 알 수 있듯이, 투자세계에서 분산투자는 아주 유용한 전략이다. 수익률이 좋다는 이유로 한 가지 자산에 소위 ‘올인’을 했다가 예상치 못한 이유로 급락을 한 경우, 투자자가 입을 손실은 실로 막대할 것이기에 분산투자가 필요한 것이다.

물론 치고 빠지는 전략이 뛰어나다면 달걀을 한 바구니에 담을수록 좋겠지만, 아직까지는 현 증시에서 분산투자를 통한 수익이 더 큰 것이 사실이다.

그렇지만 분산투자의 장점은 장점이고, 분산투자의 부작용이나 유의할 점이 전혀 없는 것은 아니다. 우선 분산투자의 방식, 즉 자산 분산, 투자 시점 분산, 지역 분산, 유형 분산, 통화 분산 등의 방식을 알아보고, 특히 펀드 분산투자에 관한 유의점에 대해서 자세히 살펴보고자 한다.

여기서 소개하는 5가지 분산투자 방법을 잘 지켜 투자한다면 자신의 소중한 자산을 잘 관리해 나갈 수 있을 것이다.

자산을 다양한 투자 수단에 분산하라

자산을 주식이나 채권, 부동산, 원자재 등 실물자산, 현금성 자산으로 나눠 투자하면 한두 군데에서 손해를 보더라도 전체적으로는 자산을 지키거나 불릴 수 있다.

그 중에서 주식은 장기적으로 자산을 증식하는 유효한 수단으로 적극 활용할 필요가 있다. 통계에 의하면 주식투자가 채권, 부동산, 금 등에 투자하는 것보다 고수익을 올린 것으로 나타났다. 특히 노후를 대비하기 위한 연금처럼 장기로 투자하고자 할 때에는 주식투자를 적극 활용하는 것이 좋다.

그리고 자원은 한정되어 있는 반면, 수요는 증가하고 있기 때문에 원자재에 관심을 가질 필요가 있다. 원자재는 주식에 비해 안정적인 고수익을 올릴 것으로 예상되므로 투자 수단으로 고려해 볼 만하다.

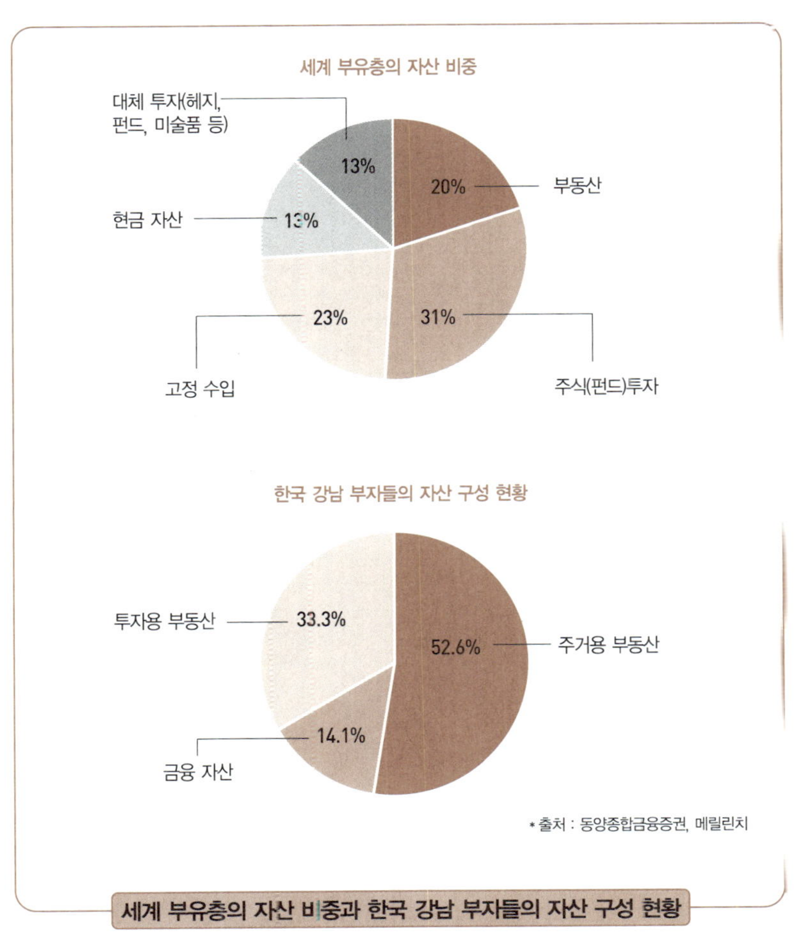

세계 부유층의 자산 비중과 한국 강남 부자들의 자산 구성 현황

또한 통상 우리나라 가계의 자산 구성을 살펴보면, 여전히 예금 등 현금성 자산이 높은 비중을 차지하고 있으므로 현금성 자산 비중을 줄이고 펀드 비중을 조금씩 높여가는 지혜도 필요하다.

투자 시점 및
환매 시점을 분산하라

주식이나 부동산, 원자재와 같이 위험이 높은 자산에 투자하거나 큰 금액을 투자하는 경우, 투자 시점을 분산하는 것이 매우 중요하다. 예를 들어 한 번에 거액으로 투자하는 것보다는 최소한 서너 차례로 나눠 분할 투자하거나, 매월 투자하는 적립식이 좋다.

또한 매도나 환매할 때도 한 번이 아닌 여러 번에 걸쳐 운용하는 전략이 바람직하다.

국내뿐만 아니라
해외에도 눈을 돌려라

우리 증시가 전 세계에서 비중이 2%에도 미치지 못하기 때문에 상대적으로 매력적이고, 잘 안다고 해서 우리 시장에만 투자하는 것은 위험한 생각이다. 만약에 지금처럼 주식시장으로 시중의 큰 자금이 계속 유입된다면 몇 십 개에 불과한 우량주는 금세 동이 날 수밖에 없다.

이러한 이유에서라도 해외 펀드에 가입하는 등 해외 투자에 적극적일 필요가 있다. 투자 전문가들은 대개 국내 펀드와 해외 펀드의 적절한 비율을 7 대 3 정도로 보고 있다. 그렇지만 좀더 공격적

인 투자 성향을 가진 투자자라면, 또는 연령이 낮은 투자자라면 해
외 펀드의 비중을 좀더 높여도 무방하다.

투자 유형을
분산하라

이해를 돕기 위해 펀드로 주제를
국한시켜 설명해 보겠다. 펀드투자의 경우 내가 추천하고 싶은 방식
은 4~5개의 펀드 유형에 분산투자하는 것이다. 연구에 의하면,
4~5개의 서로 다른 유형의 펀드에 투자하면 펀드에 관한 한 확실
한 분산투자를 하고 있는 셈이라고 한다.

어떤 고객은 펀드 분산투자를 위해 자신은 10개가 넘는 펀드에
가입했다면서 완벽한 분산투자를 하고 있는 것처럼 생각하지만 이
는 바람직한 방법이 아니다.

일단 펀드의 개수가 너무 많다는 것이 문제이다. 중요한 것은 펀
드의 개수가 아니라 유형의 개수라는 점이다. 주식형 펀드만 하더라
도 성장주펀드, 가치주펀드, 인덱스펀드, ETF, ELF 등 너무나 다양
한 유형의 펀드가 있기 때문이다.

강조하건대, 이 경우 4~5개의 서로 다른 유형의 펀드에 분산투
자했다면 또 다른 펀드에 대한 욕심은 접어도 될 것이다.

통화를
분산하라

이 방법의 경우 일반 대중들에게
는 잘 와 닿지 않을지 모르지만 통화를 분산하는 것도 좋은 방법이
다. 해외 분산투자를 할 경우, US달러와 같이 한 가지 통화만으로
국한하지 말고 유로화, 위안화, 엔화와 같이 다양한 통화에 분산투
자하는 것이 유리하다. 그러면 해외 펀드를 가입할 때 굳이 환헤지
를 할 필요는 없을 것이다.

펀드 분산투자의
부작용

이와 같은 분산투자의 장점에도
불구하고 분산투자의 부작용이 전혀 없는 것은 아니다. 특히 펀드의
경우 다음과 같은 관점에서 분산투자를 해야 할 것이다.

첫째, 펀드는 자체로 분산 효과가 있으므로 굳이 무리한 분산투
자를 하는 것은 효과적이지 못하다. 펀드라는 것은 나름대로의 분산
과 체계적 시스템, 전문적인 펀드매니저가 관리하고 있으므로 기본
적으로 상품 자체 내에서도 위험 관리를 하고 있다는 것이다.

둘째, 분산투자 시 상대적으로 충분한 분석을 하지 못하게 되므
로 리스크가 커질 수 있다는 점이다. 나는 특히 이 점이 가장 큰 문

제라고 생각한다. 많은 펀드에 분산투자하다 보면, 가입 시에 그 펀드가 보유한 종목이 무엇인지도 모를 뿐만 아니라, 기본적인 분석도 하지 않고 그저 추천에 의해 가입하게 되는 경우가 많다. 만약에 분석을 하고 가입했다 하더라도 펀드가 많아 그 펀드상품들의 기본 사항의 변화나 보유 종목 내에서 큰 변화를 알 수가 없다.

셋째, 분산투자 시 수익률이 저하될 위험이 있다. 물론 좋지 않은 펀드에 '몰빵' 하게 되는 것보다야 많은 펀드에 분산투자를 하면 수익률은 좋겠지만, 저 대로 분석한 해당 펀드들을 꾸준히 관리하는 경우보다 결코 높은 수익률을 올리지는 못할 것이다.

넷째, 지나친 분산투자의 경우 관리의 어려움도 따른다. 분산투자하고 있는 많은 펀드는 한 증권회사나 한 은행에서만 판매되는 경우는 없다. 그러다 보니 자신의 본업 시간을 쪼개어 투자에 신경 쓰고, 이에 관련된 일들을 처리해야 하는 경우가 자주 생긴다. 수익률을 한 번씩 보려고 해도 여러 사이트나 HTS Home Trading System에 들어가서 확인해 봐야 하니 꾸준한 펀드 관리 및 재조정이 힘들어질 뿐만 아니라, 이 자체로 시간 낭비가 되지 않을 수 없다.

따라서 투자 전문가들의 의견을 참고하여 이상적인 펀드투자 방법을 제시하자면, 무엇보다 효율성이 떨어지는 과도한 분산투자를 삼가라는 것이다. 국내 펀드와 해외 펀드 비중을 6 대 4 정도로 나누고, 각각 2개 정도씩 가입하는 것이 적당하다. 또 펀드를 '핵심 펀드' 와 '위성 펀드' 로 구분하여 운용하는 것이 좋다.

즉 자산의 70~80%를 투자하는 핵심 펀드는 인덱스펀드나 대형
주펀드처럼 시장의 움직임을 충실히 반영하는 펀드로 선정하고, 위
성펀드는 중소형주펀드나 원자재펀드처럼 특정 시점에 유망한 펀
드로 구성하는 것이 좋다.

특히 해외 펀드 투자와 관련해서는 안정적인 선진국 펀드를 핵
심으로 삼을 것이 아니라 브릭스(BRICs : 2000년 이후 빠른 경제 성장을 거듭하고 있
는 브라질, 러시아, 인도, 중국 이들 신흥 경제 4국을 일컫는다.) 같은 신흥국 펀드를 핵심
으로 두고, 여기에 중국이나 인도 펀드를 위성으로 삼는 신흥국 중
복 전략이 유효하다. 장기적인 관점에서 이제 신흥국도 안정성이 담
보된다고 보기 때문이다.

08

장기 투자의 걸림돌
철새 펀드매니저

펀드 판매사와 운용사는 한 목소리로 펀드 가입자들에게 장기 투자를 권하고 있다. 그러나 펀드매니저들의 이직이 잦기 때문에 정작 이들은 펀드를 자주 옮겨 운용하고 있는 실정이다.

장기 투자하라면서 펀드매니저는
단기 운용하는 현실

현재 운용업계는 '철새' 펀드매니저들이 횡행하고 있다고 허도 과언이 아니다. 그도 그럴 것이 2008년 9월 현재, 41개 자산운용사의 펀드매니저들 중에서 3년 내에 직장

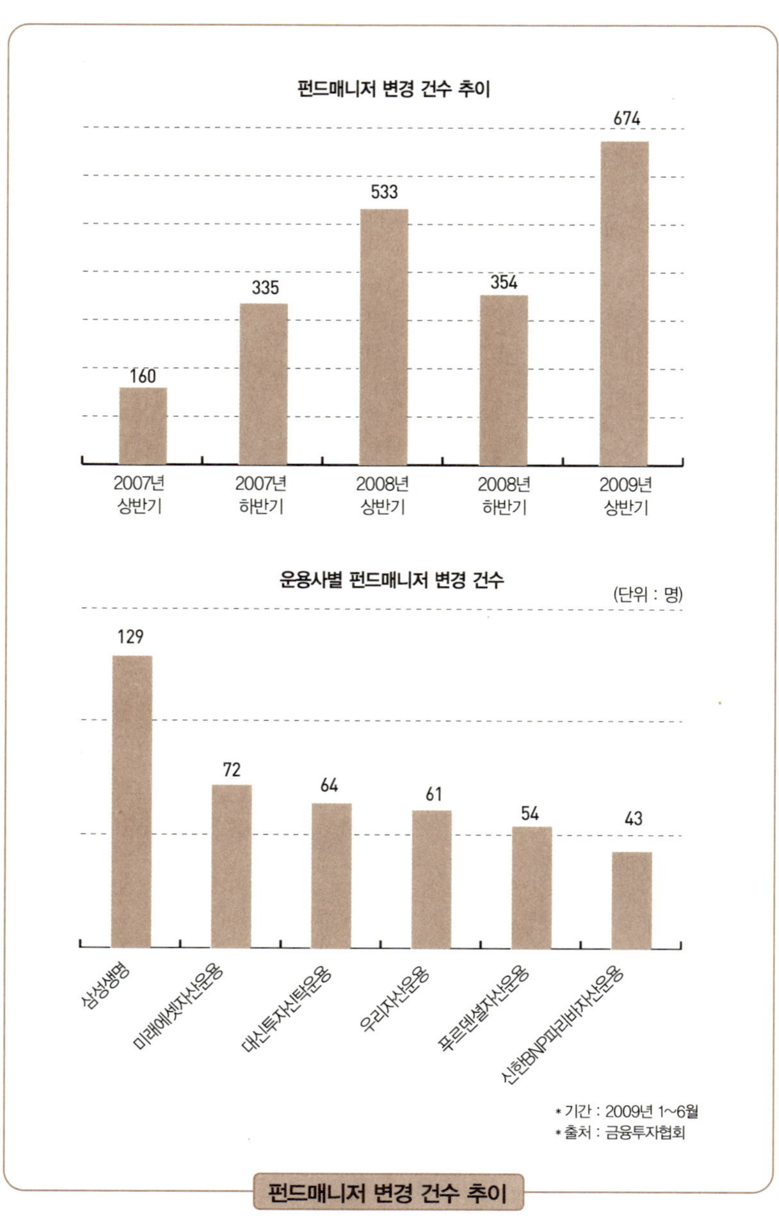

펀드매니저 변경 건수 추이

을 옮긴 사람이 무려 61.4%에 달했다. 즉 펀드매니저의 3년간 정착률이 30%대에 불과하다는 말이다.

이처럼 펀드매니저들의 잦은 이직도 문제이지만, 빈번한 교체는 심각한 수준이다. 우리자산운용의 몇몇 펀드의 경우, 1년 동안(2008년 3월~2009년 3월) 무려 10번의 펀드매니저들의 변동이 있었을 정도다.

물론 운용사 입장에서도 반론을 제기할 수 있을 것이다. 운용사들은 요즘 펀드는 팀 공동 운용 시스템으로 관리되기 때문에 펀드매니저의 역할이 20~30%에 그친다고 주장한다. 펀드머니저 혼자 펀드를 좌우하는 것을 방지하기 위해 모델 포트폴리오를 따르게 하기 때문이라고 한다. 하지만 펀드 수익률이 천차만별인 이유는 어떻게 설명하겠는가? 결국 미미하다던 펀드매니저의 재량에 의해 결정될 수밖에 없는 것이다. 팀제로 운용한다고 해도, 실제로 한 명의 영향력 있는 펀드매니저가 운용을 담당하리라는 것은 조직 생활을 해본 사람이라면 알 만한 사실이다.

펀드매니저는
슈퍼맨?

펀드 운용상의 또 한 가지 문제점은 엄청난 양의 펀드가 쏟아져 나오는 실정에 비해 정작 펀드를 제대로 운용할 펀드매니저의 수가 턱없이 부족한 형편이라는 점이다.

펀드매니저 한 사람이 담당해야 할 펀드의 수와 운용액은 증가하고 있고, 따라서 이들은 '슈퍼맨'처럼 모든 일을 도맡아 처리하지 않으면 안 되는 상황에 처하게 된 것이다.

실제로 2008년 6월 현재 펀드매니저의 1인당 운용 펀드 수는 10.24개에 달한다고 한다. 공식적으로 집계된 펀드 수만 해도 1만여 개에 달하니, 이런 결과가 나올 법하다.

한 사람이 하나의 펀드도 제대로 운용하기 어려울 텐데 무려 10개씩이나 운용해야 하니, 정말 슈퍼맨이 아니고서야 어떻게 이 같은 업무를 감당하겠는가? 결국 핵심 펀드 한두 상품만 신경 쓸 뿐, 나머지 펀드는 찬밥 신세가 되지는 않을까 우려된다. 자신이 가입한 펀드가 후자의 경우라면 얼마나 억울한 일인가? 더욱이 많게는 연 3%에 가까운 비싼 보수와 수수료를 내고 있으니 참으로 적절하지 못한 영업 관행이 아닐 수 없다.

따라서 펀드를 고를 때에는 펀드 수익률과 위험뿐만 아니라 총비용과 펀드매니저의 변동 주기도 함께 살펴봐야 한다. 그러면 비록 최고의 펀드를 고르는 것은 성공하지 못할 수도 있으나, 적어도 최악의 펀드를 피하는 것은 확실히 성공할 수 있을 것이다.

한국의 펀드매니저는 어떤 사람들일까

가계와 기관이 맡긴 190조 원대 돈을 굴리는 국내 펀드매니저들은 과연 어떤 사람들일까? 2009년 10월 11일 연합뉴스가 펀드 평가사 제로인에 등록된 팀장급 주식·채권 펀드매니저 548명(주식 347명, 채권 201명)을 대상으로 집계한 결과, 국내 펀드매니저들의 평균 나이는 37.48세로 나타났다.

펀드매니저 수는 금융투자협회 자격 등록 기준으로 올해 처음으로 1,000명을 넘어섰지만, 리서치 인력이나 직접 운용에 참여하지 않은 매니저를 제외한 실질적인 펀드매니저는 그 절반 수준인 548명이라는 게 제로인의 설명이다.

집계 결과 출신 학교는 서울대와 연세대가 전체의 절반 이상을 차지했다. 서울대보다 연세대 출신 펀드매니저가 많았지만, 상경대 출신자들은 연세대 경영·경제학과가 서울대 경영·경제학과보다 다수를 차지했다.

펀드매니저들의 평균 나이는 37.48세로 집계됐다. 주식 펀드매니저 나이가 37.15세로 채권 펀드매니저 38.05세보다 다소 젊었다.

최고령 주식 펀드매니저는 신경투신운용의 이상진 부사장(54세)이다. 이 부사장은 1978년 현대중공업에서 직장생활을 시작한 후, 1987년에 신영증권으로 옮겨 영업을 하다 1996년부터 신영운용의 주식 운용을 총괄하고 있다.

최연소 주식 펀드매니저는 한국투신운용의 안세윤(25세) 씨다. 서울대 경영학과를 졸업한 안 매니저는 작년부터 업무를 시작했다.

가장 나이가 많은 채권 펀드매니저는 KB운용의 문동훈(50세) 채권운용본부장과 김은수(50세) PCA운용 CIO였으며, 가장 나이가 어린 채권 펀드매니저는 신한BNP파리바자산운용의 서진향(25세) 씨와 미래에셋맵스자산운용의 오종욱(25세) 씨로 나타났다.

펀드매니저들의 출신 학교는 서울대와 연세대 간 박빙의 승부로 요약될 수 있다. 서울대와 연세대 출신은 각각 129명과 124명으로 전체의 절반 이상을 차지했다.

이어 고려대 77명, 서강대 42명, 성균관대 34명, 중앙대 19명, 해외 대학 16명, 부산대 15명, 한양대 14명, 이화여대 12명, 한국외대 10명 등으로 집계됐다.

경영·경제학과를 비롯한 상경대 출신으로 범위를 좁히면 연세대가 99명으로 서울대 82명을 누르고 가장 많은 수를 차지했다. 이들 두 학교는 공과대 출신 펀드매니저들도 상당수 배출했다.

경력별로는 증권사나 운용사 리서치센터에서 3~4년 조사 업무를 하다 매니저가 된 경우가 가장 흔했다. 하지만 대학을 졸업하자마자 운용사에서 매니저 업무를 시작한 경우도 종종 있었다.

또 제조업체나 다른 금융회사를 다니다가 입문하는 경우도 있었다. 펀드매니저에 입문한 뒤 운용을 총괄하는 CIO가 되기까지는 최소 6년에서 19년이 걸리는 것으로 집계됐다.

자격 면에서 펀드매니저가 되는 길은 금융투자협회에서 시행하는 시험에 통과하거나, 운용사에서 경력을 쌓는 방법이 있다.

협회가 통합되면서 펀드매니저 자격시험으로 바뀐 '집합투자자산운용사'는 1년에 통상 한두 번 치러지며, 합격률은 보통 20% 내외라는 게 금융투자협회의 설명이다.

자산운용사에서 2년 이상 근무해도 매니저 자격을 얻을 수 있다. 최소 근무 연한은 2년이지만, 운용 자금 규모가 얼마냐에 따라 기준이 더 낮아질 수도 높아질 수도 있다.

자격이 있더라도 실제로 가계나 기관의 돈을 운용하는 펀드매니저가 되려면 운용사나 투자자문사 등에 들어가야 한다. 통상 입사시험은 두 자릿수 이상 경쟁률을 보이며 인턴 기간을 거쳐 뽑는 경우도 있다.

한 운용사 관계자는 "신입 펀드매니저를 뽑을 때 가장 중요하게 보는 것은 일에 대한 열정과 적성, 그리고 사람들과 잘 융합하고 협의해 운용해야 하는 업무에 적합한 인성을 가졌는지 여부"라고 말했다.

펀드매니저의 일상은 빡빡하게 돌아간다. 우선 일어나자마자 CNN이나 블룸버그를 통해 그날 우리 증시나 채권시장에 영향을 미칠 해외 뉴스를 체크한 뒤, 아침 회의가 시작되는 7시 30분 전에 회사로 출근한다. 아침 회의에서는 리서치 팀과 펀드에 들어간 종목이나, 증시 전반에 영향을 미칠 수 있는 이슈들을 점검한다. 주간이나 월간 단위로 어떤 종목을 편입할지 여부를 결정하는 중간 점검 회의를 하기도 한다.

통상 운용 펀드의 70~80%는 회사 전체적으로 정하는 모델 포트폴리오에 의해 들어가거나 빠질 종목이 결정되고, 나머지 20~30%는 매니저의 재량이다.

매니저들은 총괄 매니저 1명에, 2명의 보조 매니저가 팀 단위로 함께 운용하는 경우가 대부분이며, 아침 회의 후에는 증시 상황을 체크하며 기업 분석과 자료

수집을 해 협의를 거쳐 수시로 운용과 관련한 결정을 한다. 실무적으로 주식이나 채권을 얼마나 사고파는 것은 매매 전담 부서인 트레이딩 센터의 도움을 받는다.

투자 대상 기업이 경영을 잘하고 있는지, 주가에 큰 영향을 미칠 상황이 발생하지 않았는지 체크하기 위해 1주일에 두세 차례 기업 탐방을 나간다.

월요일부터 금요일까지 이른 아침부터 맑은 정신에 업무를 봐야 하는 만큼 주중에 음주 등 외부 약속은 제한하는 경우가 많으며, 펀드 편입 종목과 관련해 외부와 부적절한 소통을 방지하기 위해 휴대전화는 출퇴근 때 로비에 맡기고, 종목과 관련한 통화 내역은 모두 녹음된다.

개별 매니저가 운용하는 펀드 수익률은 수시로 체크되며, 평가는 주간과 월간 단위로 이뤄진다. 통상 벤치마크 지수인 코스피나 코스피200 지수 대비 수익률이 얼마인가가 평가의 초점이며, 성과급도 이에 연동된다.

[출처 : 2009년 10월 11일자 서울연합신문]

09

펀드 성과는
3년 성적으로 판단하라

펀드 성과를 분석할 때는 최소 3년 동안의 성과를 고려하여 판단해야 한다. 그 이유는 펀드의 성과 변동성이 크기 때문이다. 예를 들어 어떤 해에는 펀드 수익률이 상위 1%에 들었다가도, 그 다음 해에는 수익률이 상위 50%에도 들지 못하는 펀드가 생길 수 있기 때문이다.

그리고 펀드상품들은 새내기인 1년차에는 대체로 좋은 성적을 내는 경향이 있다. 이는 앞서 1호 펀드에 대한 설명에서도 충분히 다룬 것으로, 무엇보다 운용사가 의욕적으로 운용에 임하기 때문일 것이다. 그런데 마치 2년차 징크스sophomore jinx랄까? 설정된 후 2년차가 되면 갑자기 펀드 성과가 영 신통찮은 경향을 띤다.

이는 프로야구 등 스포츠에서 새내기 팀일 때는 상대 팀이 전혀 분석을 못한 상태여서 성적이 좋았다가, 2년차에는 팀의 스타일이나 공격 패턴을 읽혀 집중 견제를 당하기 때문에 성적이 좋지 않은 경우가 많은데, 펀드투자에서도 그런 징크스가 나타난다. 또 야구 선수들의 진정한 실력이 3년차에 나타나는 것처럼 펀드 또한 그렇다. 즉 최소한 3년 동안은 펀드의 실적을 지켜봐야 그 펀드가 우수한 펀드인지 아닌지 진정한 평가를 내릴 수 있다는 것이다.

펀드도 2년차
징크스 있다

이와 같은 설명은 동양종합금융증권 리포트에서도 확인할 수 있다. 동양종금증권이 최근 5년 동안 국내 주식형 펀드의 분기 성과 상위 20개 펀드를 분석한 결과, 새내기 펀드가 뛰어난 단기 성과를 보인 것으로 나타났다.

이처럼 새내기 펀드가 중고 펀드보다 유리한 것은 현금흐름과 작은 펀드 규모에 힘입은 바 크다. 펀드의 운용 초기에는 펀드 환매가 거의 없기 때문에 자금 유출이 발생하지 않기 마련이다. 따라서 펀드매니저 입장에서 매우 유리한 운용 환경이 조성된다. 또한 운용을 시작한 지 얼마 안 되었기 때문에 펀드 규모가 몇 십 억, 많아야 몇 백 억 원 수준이어서 수익률 제고나 위험 관리 측면에서도 유리하다. 게다가 시장흐름이나 분위기를 반영해 펀드를 출시할 수 있어서 이미 포트폴리오가 짜여 있는 기존 펀드에 비해 우수한 성과를 기록할 가능성이 높다.

화려한 1년을 보낸 새내기 펀드가 출시 2년차가 되면 갑자기 성과가 저조하게 되는 징크스는 조사 결과 사실로 드러났다.

공모펀드 가운데 5년차 이상의 펀드들을 대상으로 각 운용사의 최대 펀드 1개를 선정해 총 21개의 펀드를 대상으로 상대 성과를 측정하였더니, 2년차에는 3분의 2에 달하는 14개 펀드가 1년차 대비 초과 성과가 감소했을 뿐 아니라, 9개 펀드가 벤치마크 대비 마이너스 성과를 보였다. 확실히 대부분의 펀드가 1년차보다 못한 성과를 보이는 2년차 징크스가 있었다(194페이지 표 참조).

펀드 3년 성적표는
운용 능력의 판단 지표

그러나 이들 펀드들은 3년차부터는 각기 다른 운용 능력을 나타냈다. 주목할 점은 3년까지의 누적 성과가 마이너스인 펀드가 장기적으로 벤치마크 대비 플러스 성과로 전환된 경우는 단 1건에 불과했다는 것이다.

다시 말해 3년까지 운용 성과가 나빴다면 그 이후의 성과 또한 나빴다는 것이다.

펀드명	1년차	2년차	3년차	4년차	5년차
한국골드플랜연금주식1	8.18	12.06	18.03	15.09	26.92
하나UBS배당60주식1 종류C	(0.02)	(0.61)	6.89	13.70	20.54
푸르덴셜나폴레옹정통액티브주식1	10.39	17.86	26.20	43.33	46.01
BIG&SAFE 프리타겟주식1	0.90	0.14	10.36	5.67	11.69
삼성웰스플랜80주식1	23.93	21.16	22.07	20.67	25.24
동양프리스타일주식1	6.92	17.69	17.85	21.04	16.09
프런티어장기배당주식1	(8.32)	(7.86)	(18.98)	(24.71)	(26.93)
신영마라톤주식(A형)	17.12	6.21	24.64	35.70	42.06
ING1억만들기주식1	4.60	(2.96)	6.76	2.15	1.73
TRUE VALUE 주식1	15.96	13.44	8.24	8.91	8.04
프랭클린템플턴그로스주식형2	21.53	30.61	33.07	27.47	25.61
신한BNPP미래든적립식주식C	4.29	7.02	0.07	5.64	9.25
KB스타업종대표주적립식주식1	0.03	4.32	(3.03)	6.38	5.58
미래에셋3억만들기솔로몬주식1(C-A)	11.54	18.63	22.22	35.69	36.16
알리안츠GI Best Research 주식B-1(C/A)	4.68	13.06	15.74	12.31	21.84
PCA베스트그로쓰주식1-4	11.60	15.30	14.69	19.74	16.70
농협CA마켓리더주식1	(4.31)	(7.80)	(10.24)	(7.16)	(4.98)
세이고배당주식형	29.40	22.60	50.39	40.74	41.37
마이다스블루칩배당주식형	(4.35)	(0.08)	(7.72)	(5.59)	(1.96)
KTB글로벌스타주식형C	17.28	36.41	33.12	29.80	52.57
알파그로스주식형(CLASS-C)	6.22	(0.13)	12.10	10.98	16.03

(단위 : %)

* 출처 : 한국펀드평가, 동양종합금융증권 리서치센터

펀드별 벤치마크 대비 누적 성과

결국 3년까지의 누적 성과를 펀드의 운용 능력을 판단하는 주요 지표로 활용할 수 있다는 것을 의미한다.

여기서 문제는 3년 동안 좋은 성과를 보인 펀드에 투자하는 것이 안정적인 투자가 될 수는 있겠지만, 벤치마크 대비 좋은 수익률을 기대하기는 어렵다는 점이다. 왜냐하면 펀드상품이 4년차이고 이것이 좋은 펀드로 소문났다면, 이미 펀드 규모가 중형 또는 대형 급으로 변해 버린 후일 것이기 때문이다.

누누이 강조하지만, 대형 펀드는 인덱스펀드나 다름없다. 그냥 인덱스펀드나 ETF에 가입하면 될 것을 굳이 비싼 비용을 치르면서 액티브펀드에 투자할 필요는 없다.

따라서 벤치마크 대비 좋은 수익률을 원한다면 똑똑해 보이는 새내기 펀드에 가입하고 2년 후에 환매하면 된다.

그리고 안정적인 수익률을 원한다면 삼성투신운용의 ETF인 'KODEX200'이나, 특정 업종 지수를 추종하는 일종의 인덱스펀드인 '섹터 ETF'에 투자하면 될 것이다. 섹터 ETF는 반도체, 자동차, 은행, 증권, 조선, 에너지화학, 건설, 철강 등 섹터 지수를 투자 대상으로 하는 상장지수펀드를 말한다.

10

판매 보수로 앉아서
떼돈 버는 펀드 판매사

펀드 비용이 비싸다는 여론이 일자 금융위원회가 드디어 칼을 빼 들었다. 펀드 판매 수수료와 보수 상한선을 연 5%에서 각각 연 2%와 1%로 대폭 낮춘 것이다. 그러나 펀드 투자자들의 반응은 시큰둥하다. 2009년 개정된 자본시장법 시행령 이후에 출시되는 신규 펀드부터 조치가 적용되기 때문에 기존 펀드에 거액을 잔뜩 가입해 놓은 투자자들에게는 효력이 없기 때문이다.

물론 펀드 비용을 절감할 수 있는 방법이 전혀 없는 것은 아니다. 기존 펀드를 환매해 새 펀드에 가입하면 된다.

하지만 기존 펀드가 마이너스인 경우 이를 환매하는 것이 쉽지 않고, 검증된 우량 펀드를 환매해서 검증되지 않은 새 펀드에 넣을 만큼 용감한 투자자는 많지 않을 것이다.

그렇다면 판매사들은 펀드 판매로 얼마나 돈을 벌고 있는지 한 번 계산해 보자. 판매사가 가장 애착을 갖는 펀드는 아무래도 주식형 펀드일 것이다. 2009년 10월 현재 국내 주식형 펀드의 설정액은 130조 원(펀드 순자산총액은 112조 원)에 이르렀다. 예금 및 적금에 비하면 적은 규모이지만, 국내 자본시장의 수준을 생각해 볼 때 상당한 규모라고 할 수 있다.

따라서 이 같은 규모의 펀드를 판매한 은행과 증권회사의 수수료 수입이 만만찮을 것으로 생각된다. 국내 및 해외 주식형 펀드의 판매비용(보수＋수수료)이 평균 연 1.5% 수준이므로 연 2조 원가량을 확보한 셈이다. 이처럼 펀드 판매사들은 앉아서 떼돈을 버는 형국인데, 정작 펀드 가입자들은 마이너스 수익률, 형편없는 상담 서비스, 부실하거나 아예 없는 애프터서비스 등 여러 측면에서 손해를 입고 있는 실정이다. 그럼, 펀드 비용이 비싼 이유에 대해 좀더 자세히 살펴보도록 하자.

펀드 판매사의
영향력 확대에 따른 횡포

이 점에 대해서는 펀드의 비용 구조와 현황을 살펴보면 보다 이해하기 쉬울 것이다. 앞서 언급했듯이, 펀드 비용은 크게 수수료와 보수로 나눌 수 있다. 수수료는 가입(선취) 또는 환매(후취) 때 내는 일회성 비용이며, 보수는 펀드의 가입 기간 동안 매일매일 계속 내야 하는 비용이다.

또한 보수는 운용 보수, 판매 보수, 수탁 보수, 일반 사무 보수 등으로 나뉜다. 이 중 비중이 큰 운용 보수는 펀드 자금을 운용하는 자산운용사에, 판매 보수는 증권회사, 은행, 보험회사 등 판매사에 내야 하는 비용이다.

2008년 말 현재 국내 주식형 펀드의 판매 보수는 연 1.23%, 운용 보수는 연 0.74%였다. 여기서 의아한 점을 발견할 수 있는데, 가장 중요한 역할을 하는 운용사의 운용 보수보다 판매사의 판매 보수가 많다는 것이다.

실례로 국민 펀드라 할 수 있는 미래에셋 '인디펜던스펀드'의 펀드 비용을 살펴보면 다음과 같다.

- 운용 보수 : 0.72%
- 수탁 보수 : 0.05%
- 판매 보수 : 1.67%
- 사무 관리 보수 : 0.01%
- 총계(신탁 보수) : 2.50%

위 수치에서 보듯이, 판매 보수가 운용 보수의 두 배가 넘는다는 것을 알 수 있다. 미국의 경우는 판매 보수가 아예 없는 펀드가 절반 가량이나 되고, 평균 판매수수료가 0.23%에 불과하다. 그럼에도 창구에서의 상담 서비스는 매우 유용한 편이다.

예를 들어 투자 기간과 돈이 필요한 시점에 대한 답변이 없으면 펀드 가입이 어렵다. 그리고 투자 기간이 3년 이내라면 주식형 펀드를 아예 권하지 않는다. 고객에게 맞춰 재무 설계를 하고 비교적 '정도 영업'을 잘 실천하고 있다는 말이다.

반면에 우리나라의 펀드 판매 상황은 '묻지마 가입', 그리고 관매를 강요하는 이른바 '꺾기' 영업이 많다는 점을 감안할 때, 정작 하는 일 없는 판매사가 왜 그토록 많은 몫을 가져가는지 의문스러울 뿐이다.

그 이유는 판매사가 은행과 증권회사 위주로 운영되고 있기 때문일 것이다. 아무리 좋은 펀드를 만들어 놓아도 이를 판매할 수 있는 곳은 은행과 증권회사, 정확히 말하면 대여섯 개 내외의 거대 은행과 증권회사뿐이라는 점이다. 그러다 보니 운용사의 힘보다 판매사의 영향력이 커질 수밖에 없다.

미국의 경우 펀드슈퍼마켓, 보험회사, 운용사 등의 판매 비중이 매우 높은 편인데, 이처럼 판매 채널이 다양하다면 이런 문제점은 어느 정도 해결될 수 있을 것이다.

또 한 가지 문제점은 판매사인 은행과 증권회사가 운용사의 고회사인 경우가 많다는 점이다. 그러다 보니 모회사 몫을 많이 챙겨

줄 수밖에 없다. 몇 년 전에는 심지어 하나의 펀드가 모회사 창구 한 군데에서만 판매된 적도 있었다.

즉 이 같은 불합리한 영업 관행이 현재의 왜곡된 수수료 구조를 야기한 것이나 다름없다.

후취형 위주의
비용 체계 관행 바꿔야

펀드 비용이 비싼 또 다른 이유로는 후취형 위주의 비용 체계를 들 수 있다. 비용 체계는 통상 선취형, 후취형, 절충형 세 가지로 구분된다.

선취형은 펀드를 가입할 때 미리 수수료를 내는 방식이다. 미국에서는 대부분 선취형을 채택하고 있는데 대략 가입 금액의 5%를 내고 있다.

반면에 후취형은 매일매일 평가 금액의 몇 %를 떼어가는 방식인데, 우리나라 펀드들이 대부분 이 방식을 채택하고 있다. 후취형 방식은 처음에는 비용 부담이 적으나, 기간이 길어질수록 주가가 올라 평가 금액이 올라갈수록 부담이 상당히 커진다.

일례로 미래에셋 '인디펜던스펀드'의 경우 지난 8년 동안 누적 수익률이 700%가 넘고 있는데, 만약 1억 원을 가입했다면 지금 평가 금액이 7억 원이 되었다는 말이다. 하지만 그만큼 비용도 많이 내야 한다. 첫해에는 연간 250만 원 안팎의 수수료를 내면 되었지만, 지금은 연간 1,750만 원에 가까운 수수료를 내야 하는 실정이다.

결국 장기 투자를 하면 할수록 손해를 보는 아이러니한 상황에 이르게 된다.

그리고 절충형은 선취형과 후취형을 섞은 형식으로 일부 펀드만이 이 방식을 취하고 있다. 우리 증시 구조나 추세를 본다면 가입자에게 선취형이 유리하다고 말할 수 있다.

개인투자자들,
펀드 수수료 '봉' 노릇 그만!

비싼 펀드 비용을 지불하는 데에는 개인투자자들의 무관심과 무지도 거론하지 않을 수 없다. 즉 지금까지 아무런 저항 없이 바가지 수준인 펀드 수수료를 지불해온 개인투자자들의 게으름도 수수료를 높이는 데 한몫한 것이 사실이다.

같은 펀드인데도 기관이 가입하는 것과 개인이 가입하는 것과는 엄청난 차이가 있다. 기관과 개인의 수수료 체계가 다르다는 말이다. 운용사가 기관(은행, 증권회사, 연기금 등)에게 책정하는 비용은 대략 0.5% 수준인데 반해, 개인에게는 그것의 5배 수준인 2.5%를 받고 있다. 실례로 어떤 운용사는 연기금의 자금을 유치하기 위해 0.3%도 안 되는 수수료를 제시한 적도 있다. 이처럼 개인들은 한마디로 펀드의 '봉'인 셈이다. 이런 내용을 정확히 알고 있는 개인투자자들은 많지 않다.

조금만 관심 있게 살펴보면 수수료를 아낄 수 있는 많은 방법이 있는데 개인투자자들은 이에 대해 별로 신경을 쓰지 않는다. 또한 그동안 거둔 높은 펀드 수익률에 취해 펀드 비용을 너무 안이하게 생각하고 있는 듯하다. 예를 들어 펀드 수익률 20%에 견주어볼 때 펀드 비용 2%는 하찮다고 느끼는 것이다. 그리고 똑똑한 펀드에 가입하여 다른 펀드들보다 몇 %씩 초과 수익률을 내주면 펀드 비용쯤은 눈감아주는 분위기이다.

하지만 이제는 냉정하게 판단해야 할 때다. 인디펜던스펀드 등 인기 펀드들의 설정액이 조 단위로 훌쩍 성장해 버렸기 때문이다. 누누이 강조하지만, 몸집이 커진 대형 펀드들의 수익률은 크게 기대하기 어렵다.

실제로 디스커버리펀드와 인디펜던스펀드의 최근 1, 2년 수익률을 살펴보면 예전과 같은 눈부신 성적을 올리고 있지 못하다는 것을 확인할 수 있다. 일시적으로 미래에셋이 부진하다고 생각할 수도 있겠지만, 내 생각으로는 대형 펀드의 경우 앞으로도 좋은 수익률을 올리기가 어려울 것이라고 판단된다.

이와 같이 개인투자자들은 너무 많은 수수료를 아무런 저항 없이 지불하고 있다. 물론 이에 대한 해결책이 없는 것은 아니다. 멀티클래스펀드(장기나 거액의 펀드 가입 시 싼 수수료를 부과하는 펀드이다. 이 펀드의 점유율은 미국의 경우 55%, 우리나라는 5% 수준이다.)나 인터넷 전용 펀드, 상장지수펀드 등 대안 펀드를 고르면 된다. 투자자들이 수익률도 좋고, 상대적으로 저렴한 펀드에 집중 가입한다면 수수료는 저절로 합리적인 수준까지 내려갈 수 있을 것이다.

그리고 '아파트값 내리기 모임(아내모)'처럼 개인투자자들이 '펀드 수수료 내리기 모임(펀내모)'을 만들어 활성화시킨다면 비용 체계가 개선될 수 있을 것이라고 생각한다.

FUND
BANK
10000
10000
10000
10000

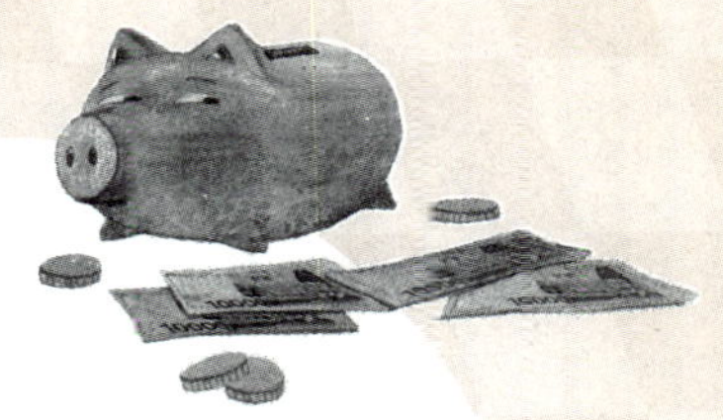

투자에 왕도가 있을까

: 든든한 미래를 보장하는 7가지 '재무 설계' 법칙 :

통장의
고백

01
인구 변화가
투자 패턴을 바꾼다

경제 변수 가운데 가장 강력한 것은 무엇일까? 단언컨대 나는 '인구'라고 생각한다. 경영학의 구루로 추앙받는 피터 드러커 Peter Drucker 역시 《넥스트 소사이어티 *Managing in the Next Society*》 및 그의 수많은 저서에서 인구 변화는 다음 사회를 예측하는 데 가장 중요한 요소이며, 따라서 인구 변화를 주시해야 한다고 역설한 바 있다.

특히 부동산의 경우 인구 변화는 가히 절대적인 변수라고 할 수 있다. 과거 우리나라 집값이 급등했던 시기를 잘 분석해 보면, 인구 구조가 가장 핵심적인 원인임이 명확히 드러난다.

인구, 부동산시장을 움직이는 절대적인 힘

1980년대 말 집값 폭등 시에는 소위 베이비부머(한국의 베이비부머 세대는 좁게는 1955~1963년 출생자, 넓게는 1958~1974년 출생자들을 말한다.)들이 내 집 마련에 나선 시기였다. 또 2001~2006년의 집값 상승기에도 이들 베이비부머들이 중·대형 주택으로 갈아타던 시기였다. 무엇보다 수도권 지역의 집값이 급등하는 데는 끊임없는 인구 유입에 힘입은 바 크다. 2002년의 경우에는 한 해 동안 무려 21만 명이 넘는 인구 순유입이 있었고, 그 영향으로 주택 공급 부족이 극심해진 바 있다.

이러한 사실은 미국과 일본의 사례에서도 여실히 증명되고 있다. 다음 페이지의 그림에서 보듯이, 미국의 베이비부머(1946~1964년 출생자)들이 사회생활을 시작했던 1970년대 초반부터 도심의 저가 다가구 주택 가격이 오르기 시작했고, 이런 현상은 1980년대 초반까지 이어졌다. 하지만 1980년대 중반부터는 이전과 완전히 다른 양상이 전개되기 시작했다. 40~50대로 접어드는 베이비부머들이 그동안 축적한 자산을 바탕으로 도심을 떠나 도시 외곽의 단독주택으로 이주하는 붐이 일었기 때문이다. 그 결과 이전 10년 동안 강세였던 다가구 주택시장은 몰락하고 말았다. 그리고 베이비부머의 2세인 메아리부머들이 내 집 마련에 적극적으로 나섰던 2000년대 초·중반에는 미국 사상 초유의 집값 상승이 있었다. 결과적으로 이런 현상

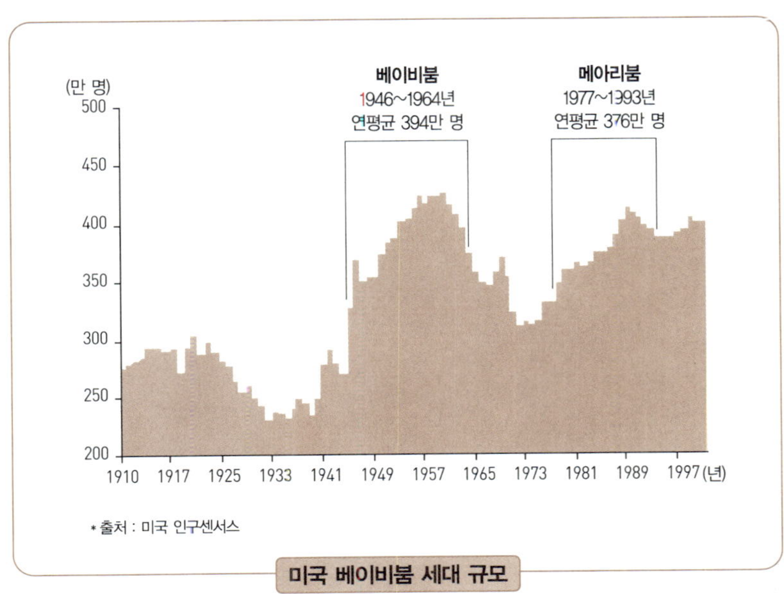

미국 베이비붐 세대 규모

은 최근의 모기지 사태르 나타났고 금융 위기로 번졌다.

일본도 미국의 사례와 별반 다르지 않다. 단카이 세대(제2차 세계대전 이후 1947~1949년에 베이비붐으로 태어난 세대)로 불리는 일본의 베이비부머들이 은퇴하기 시작한 1990년부터 일본의 부동산 가격 하락이 시작된 것은, 미국의 베이비부머들이 부동산시장에 큰 변화를 몰고 온 양상과 거의 일치한다.

우리나라에서도 역시 인구 변화와 부동산시장의 밀접한 연관성을 확인할 수 있다. 앞서 언급했듯이 베이비부머들이 내 집 마련에 뛰어든 1980년대 후반 이미 한 차례 집값 급등을 경험한 바 있다.

또한 이들이 중·대형 주택으로 이사하던 시기였던 2000년대 초·중반 또 한 번의 급등기를 맞이했다.

한국의 베이비부머
은퇴 쇼크가 시작됐다

그렇다면 베이비부머들이 본격적으로 은퇴기로 접어들게 되면 어떻게 될까?

국토연구원에서 발행한 '부동산시장의 환경 변화에 대응한 정책 방향 연구 : 인구와 가계 자산 변동을 중심으로'(이수욱 연구위원 외 공저, 2007년)라는 보고서에 따르면, 우리나라의 베이비붐 세대는 은퇴 후 거주 주택을 팔아 생활비 등을 충당할 것으로 예측하고 있으며, 이에 따라 집값과 전세금 등 부동산 자산 가격이 떨어질 것으로 전망했다.

구체적으로 베이비붐 세대가 본격적으로 은퇴하는 2015년부터 10년 동안 연간 3만~6만 호의 주택 재분배가 이루어지고, 주택 수요는 연평균 1.6% 정도 줄어들 것으로 예상하고 있다. 그리고 이 같은 주택 수요 감소로 집값과 전세금은 평균 2% 하락할 것으로 분석하고 있다.

어떤가? 여러분의 자산 상태는 문제없는가? 통상 우리나라 가계 자산의 80%가 여전히 부동산에 묶여 있다는 현실을 직시할 때,

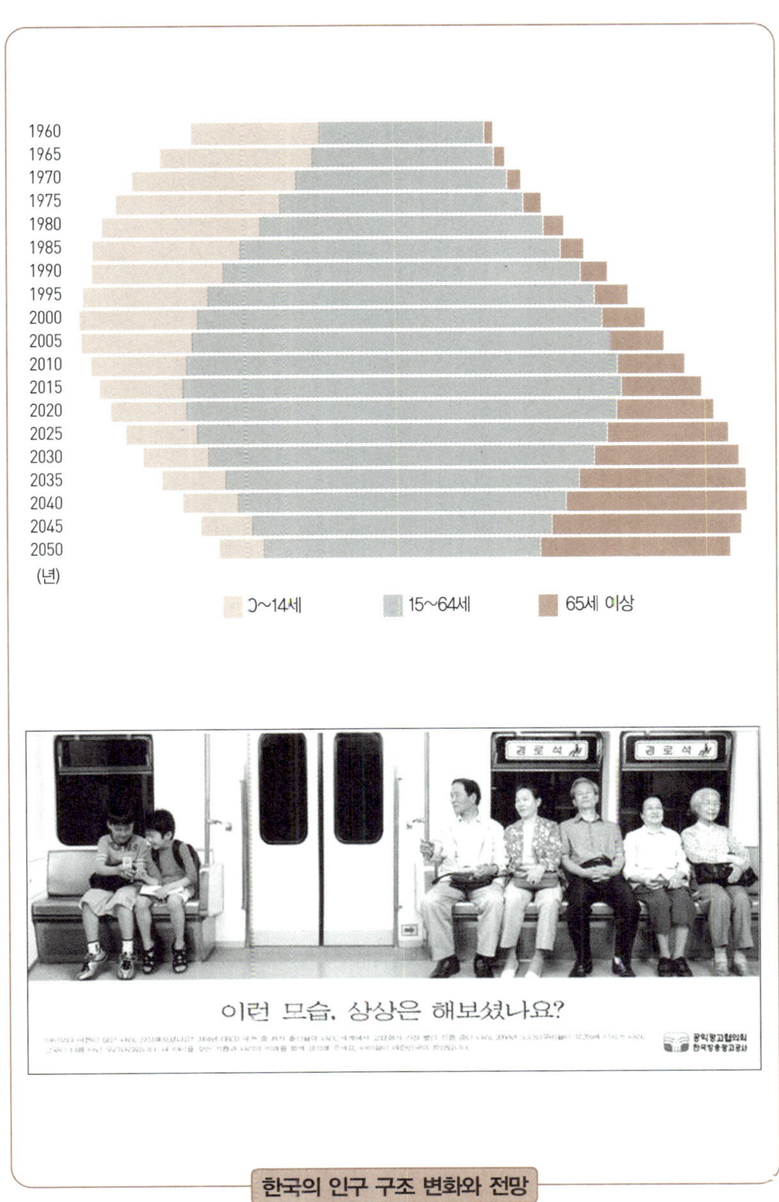

한국의 인구 구조 변화와 전망

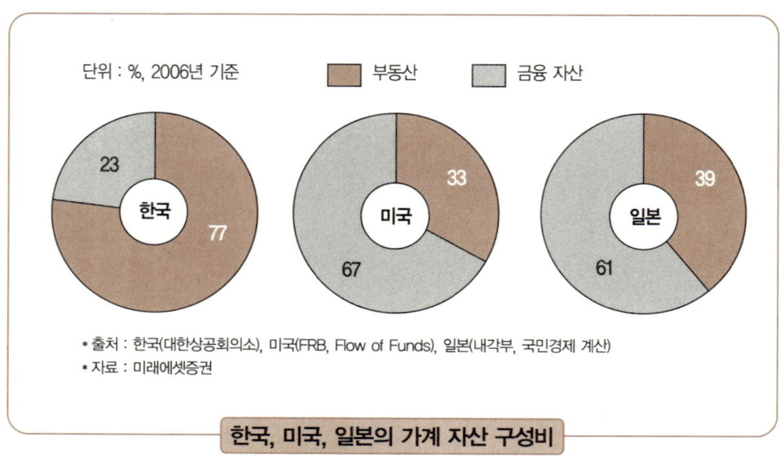

한국, 미국, 일본의 가계 자산 구성비

이 같은 인구 변화 문제와 관련하여 다시 한 번 자산 상태를 파악하고 점검해 봐야 할 것이다.

인구 구조에 따라
주식의 장세도 바뀐다

부동산시장보다는 덜하지만, 주식시장 역시 인구 구조와 연관성이 깊다. 다음 페이지의 그림에서 보듯이, 한국과 미국 베이비부머들의 40대 인구수 증가와 주가는 '정正'의 관계를 나타내고 있음을 알 수 있다.

미국의 주식시장은 1960~1980년대 중반까지 20년이 넘는 오랜 기간 동안 500~1,000포인트라는 지긋지긋한 박스권을 돌파하지 못했다. 그런데 미국의 베이비부머들이 40대에 접어들기 시작한 1985년부터 예금 금리의 하락으로 주식과 펀드에 투자하는 분위기가 조성되었다. 그 후 증시는 장기 상승세를 탔고 다우지수는 1만 포인트를 넘어섰다. 미국의 경우에는 확실히 베이비부머들의 40대 인구수 증가와 다우지수의 상승세가 일치하는 모습을 보여주었다

일본 주식시장의 경우도 미국의 사례와 흡사하다. 단카이 세대가 40대가 된 시기와 일본 증시의 상승기가 일치했고, 이들 세대의 40대 인구수가 최대를 기록했던 1980년대 말 닛케이지수는 사상 최고치인 3만 8,900포인트를 기록했다.

그렇다면 앞으로 한국의 증시는 어떨까? 전망하건대, 우리의 증시 기상도는 맑다고 할 수 있다. 우리나라의 경우 아직은 30대 인구

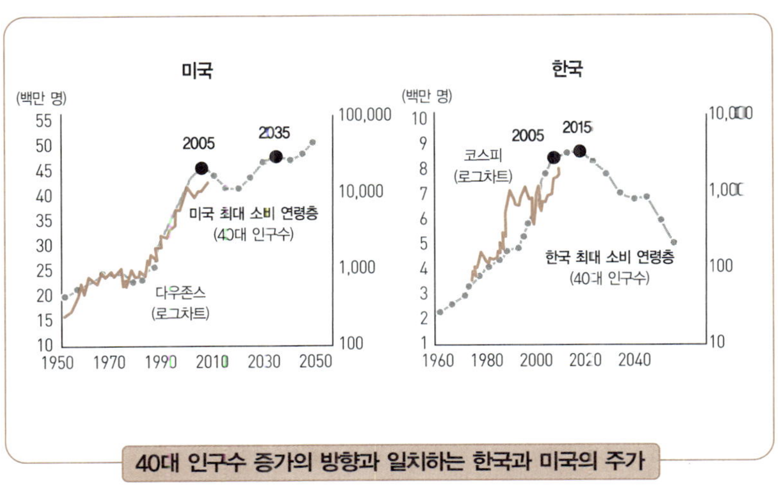

40대 인구수 증가의 방향과 일치하는 한국과 미국의 주가

구성비가 높고, 2015년에 이르러 40대 인구가 피크를 이룰 것으로 예상되기 때문이다. 보수적으로 전망하더라도 2010년대 중반까지는 증시가 강세를 띨 것으로 보인다.

좁은 의미에서 우리나라 베이비부머의 막내 격이라고 할 수 있는 1963년생인 운용업계의 모 팀장은, 자신들 세대가 은퇴할 즈음인 2015년에는 주가가 3,000포인트에 이를 것이라고 낙관하기도 했다.

이와 같이 인구 변화와 부동산시장, 주식시장은 매우 밀접한 관계가 있음을 분명히 인식하고, 투자 및 은퇴 계획은 인구 구조의 변화에 맞춰 수립해야 한다. 또한 다른 사람들보다 한발 앞서 이 같은 계획을 실행하는 것이 재테크 성공의 중요한 관건이라는 사실을 기억하자.

고령화 폭풍이 다가오고 있다

30, 40년 전만 해도 환갑 하면, 온 가족과 친지들이 모여 잔치를 벌여 환갑을 맞은 어르신을 극진히 대접하고 축하하는 경사스러운 날이었다. 그도 그럴 것이 1970년 당시 한국인의 평균 기대수명은 61.9세로 환갑을 살짝 넘기는 나이였기 때문이다. 하지만 시간이 흘러 오늘날에 이르러서는 환갑잔치는 서서히 자취를 감추고, 심지어 주위에서 칠순잔치를 하는 것도 자주 볼 수 없는 일이 되어버렸다.

생물학자들의 연구에 따르면 보통 동물의 수명은 성장기의 6배라고 하니, 이런 측면에서 사람의 성장기를 20세까지 본다면, 산술적으로는 20세의 6배인 120세까지 살 수 있다는 계산이 나온다. 하지만 이는 어디까지나 산술적인 결과일 뿐이고, 내 생각으로는 의술이 아무리 발달한다고 해도 새로운 질병 출현 등의 이유로 평균수명 100세는 인류의 꿈에 그칠 듯하다.

내 말이 부정적으로 들릴 수도 있겠지만, 안타깝게도 우리는 이제 "장수하세요"라는 말이 더 이상 덕담이 아닌 현실에 살고 있다. 실제로 노인들의 상당수가 가난과 질병 등으로 고통받고 있고, 심지어 이로 인한 노인들의 자살 건수가 점점 증가하고 있는 추세이다. 이제 장수를 리스크적인 측면에서 관리해야 하는 현실에 직면한 것이다.

인류학자들의 연구에 의하면, 사람의 근로연수(일을 해야 하는 기간)는 건강 수명의 60%라고 한다. 오늘날 건강 수명이 대략 70세이므로 '42년(70×60%=42)'을 일해야 한다는 끔찍한 결과가 나온다.

한국 성인 남자의 경우 일반적으로 대학 재학, 군대 복무 기간 2년 등을 감안하면 20대 후반에서야 근로 활동을 하게 되므로, 결국 70세까지 일을 해야만 한다는 말이다.

노후 불안한데, 자녀 교육비 큰 짐

이제 '노후'라는 단어는 범상치 않은 무게감을 느끼게 한다. 우리는 노후 대비에 관해 걱정은 하면서도, 어떤 구체적인 계획을 세우거나 이를 달성하기 위한 노력을 거의 하지 않는다. 아니 못하고 있다. 당장 내 발등에 떨어진 불똥을 끄는 것만 해도 너무 급하기 때문이다.

그렇다면 그 이유는 무엇인가? 그것은 바로 자녀 교육비와 대출 이자 때문이다.

2008년 현대경제연구원이 한국 남녀 성인과 유럽 8개국(독일, 프랑스, 이탈리아, 스웨덴, 네덜란드, 오스트리아, 포르투갈, 스위스) 남녀 성인을 대상으로 실시한 '은퇴 준비 인식 조사' 결과는 우리에게 의미심장한 시사점을 던져준다. 이 조사에 따르면, 한국인들이 은퇴 자금 준비에 차질을 빚는 가장 큰 이유는 다름 아닌 '자녀 교육비' 때문이었고, 유럽인들의 경우는 단순히 노후를 대비할 돈이 없거나 노후 대비에 무관심하기 때문이었다.

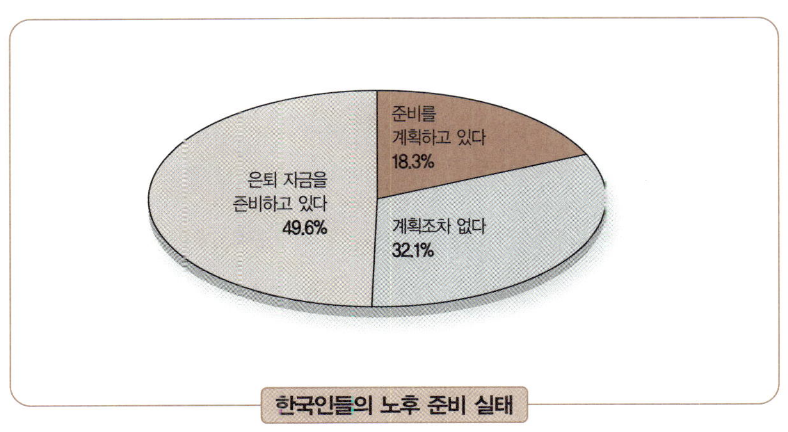

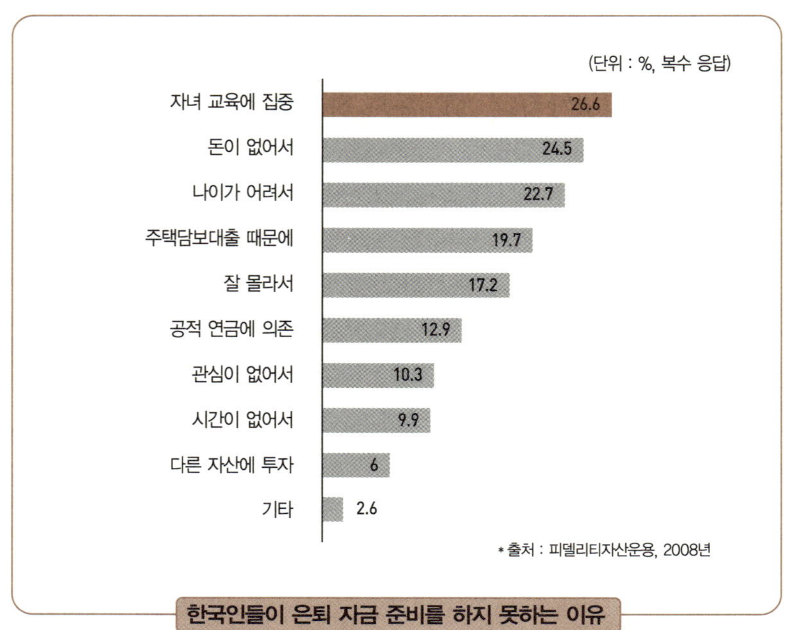

한국인들이 은퇴 자금 준비를 하지 못하는 이유

또한 "은퇴 자금을 준비하고 있는가"라는 질문에, 한국인들은 조사자 전체의 절반에 가까운 사람들이 "그렇다(49.6%)"라고 답했는데, 이는 북유럽 국가들(68~81%)보다는 낮고, 남유럽 국가들(36~43%)보다는 높은 결과였다.

여기서 주목할 만한 결과는 "은퇴 자금 준비 계획이 전혀 없다"고 답한 사람들이 3분의 1(32.1%)에 해당된다는 점이다. 그리고 그 주된 이유가 바로 자녀 교육비와 대출이자 때문이었다.

노후에 자녀에게
기댄다는 생각은 버려야

유럽인들과 달리 우리나라 사람들이 자녀 교육비 지출로 인해 은퇴 준비를 하지 못하는 이유에 대해, 현대경제연구원의 이철선 연구위원은 "한국인들은 연금 등 금융상품으로 노후를 준비하기보다는 자녀를 통해 미래를 대비하려는 경향이 강하기 때문"이라고 설명했다. 자녀에게 투자하면 이들이 나중에 부모의 미래를 책임져 줄 것이라는 막연한 믿음을 가지고 있다는 것이다. 또한 이 연구위원은 "자녀 교육을 공교육이 해결해 주지 못하고 사교육으로 보충해야 하니, 가계의 교육비 지출이 늘어날 수밖에 없는 구조"라고 지적했다.

결과적으로 개인이 노후 대비를 하지 못하면, 향후 사회적 비용은 많이 늘어날 수밖에 없다. 개인이 각자 노후 준비를 할 수 없다면, 이들이 고령자가 되었을 때 국가가 도와줘야 하는데, 그렇게 되면 결국 자식 세대의 부담이 커질 수밖에 없다.

1970년대에는 17명의 젊은이들이 1명의 노인을 부양하면 되었지만, 머지않은 2030년에는 2.8명의 젊은이들이 1명의 노인을 먹여 살려야 한다는 통계 결과는 이런 현실을 잘 대변해 주고 있다. 이는 우리 자녀들의 한 달 월급이 500만 원이라면, 250만 원은 국가에 내놓아야 한다는 얘기다.

전문가들은 현재 40, 50대가 노후 대비에 가장 취약한 계층이 될 것이라고 예측한다. 그 이유는 최근 부모 봉양에 대한 자식들의 가치관이 급속도로 달라지고 있기 때문이다.

통계청이 발표한 '2008년 사회조사' 결과에 따르면, 부모의 노후를 "자녀가 책임져야 한다"고 답한 사람들보다 "가족, 정부, 사회가 공동으로 책임져야 한다"고 답한 사람들이 더 많았다. 공적 책임론이 가족 책임론을 앞선 것은, 조사가 시작된 2002년 이후 처음 있는 일이다. "노부모를 자녀가 봉양해야 한다"는 응답도 2002년 70.7%에서 2008년 40.7%로 그 비율이 뚝 떨어졌다. 한편 공적 부문과 가족이 "공동으로 책임져야 한다"는 응답은 2002년 18.2%에서 2008년 43.6%로 크게 증가했고, "부모 스스로 해결해야 한다"는 응답도 11.9%나 되었다. 한마디로 현재 40, 50대는 부모에게 효도하고, 자식에게는 버림받는 첫 세대가 될 것이라는 말이다.

이 조사가 대변해 주고 있듯이, 과거 노부모의 부양이 자녀 몫이라는 가치관은 점점 변하고 있는 것이 사실이다. 하지만 국민연금이나 각종 정책 등 공적 부문이 노후를 책임져 줄 것이라는 막연한 기대는 버리는 것이 좋다. 스스로 자산 관리에 관심을 기울이고 실재적이고 장기적인 계획을 세워 노후 자금을 준비하는 것만이 평안한 노후를 맞는 최선의 방법이 될 것이다.

03

재벌 밥상에 숟가락 올려놓기

2005년 적립식 펀드가 일반 투자자들 사이에서 큰 인기를 모은 이러 펀드에 대한 관심은 여전히 식지 않고 있다. 이제 펀드투자는 우리의 일상 속에 깊이 들어와 있으며 재테크 수단으로 대중화되기에 이르렀다.

그렇다면 여러분에게 펀드란 삶에서 어떤 의미와 가치가 있는 가? 최근 한 운용사가 펀드의 의미를 묻는 설문 조사를 실시한 바 있는데, 많은 투자자들이 펀드에 대해 '희망', '꿈' 등 긍정적인 대답을 한 것으로 나타났다. 반면 펀드에 대해 '위험', '고통', 심지어 '지옥' 등과 같이 부정적인 답변을 한 투자자들도 상당수 있는 것으로 조사되었다.

2007년 말부터 2009년 상반기까지는 펀드 가입자에게 고난의 시기였을 것이다. 물론 예전에도 지수가 급락한 적은 많았지만, 이 시기에는 사상 초유의 금융 위기까지 가세한데다 적립식 펀드의 대중화로 인한 펀드 자산 비중 확대 등으로 그 충격이 가장 컸던 시기였기 때문이다.

이 시기에 투자자들의 마음고생이 워낙 심해서였는지, 이후 가입한 펀드가 원금을 회복하자 수많은 펀드 투자자들이 뒤도 돌아보지 않고 환매에 나섰다. 이는 소위 '펀드런(대규모 펀드 환매)' 현상과 다를 바 없는 엄청난 환매 규모라고 할 수 있다. 다행히 일부 대기업들의 어닝 서프라이즈(earning surprise : '깜짝 실적' 이라고도 한다. 긍정적 또는 부정적 서프라이즈의 의미가 있으나, 통상 서프라이즈의 의미가 긍정적인 것을 나타내는 의미로 많이 사용되기 때문에 실적이 예상치보다 높은 경우에 주로 많이 사용된다.)와 외국인들의 매수 덕분에 지수는 계속 오르고 있다.

살얼음판 경제 속, 그래도 믿을 건 대기업 펀드

이 같은 개인투자자들의 펀드런 현상은 매우 안타깝고 아쉬운 대목이다. 앞의 설문 조사 결과에서처럼 펀드란 '희망'의 측면이 더 크다고 판단되기 때문이다. 특히 삼성그룹주 펀드, 현대차그룹주 펀드 등 재계 최상위 그룹주에 집중적으

로 투자하는 펀드들의 경우, 개인이 최우선적으로 관심을 가질 필요
가 있고 보유하는 것이 바람직하기 때문이다.

최근 몇 년 동안 서민들의 살림살이는 매우 팍팍해졌다. 이는 비
단 서민들만의 이야기는 아니다. 의사, 변호사, 회계사 등 소위 고위
전문직 종사자들의 경우도 사정이 나쁘기는 예외가 아니었다.

새삼스러울 것 없는 얘기이지만, 요즘 들어 부쩍 삼성전자, 현대
차, SK텔레콤, 시중은행의 직원들만큼 괜찮은 신분도 없는 것 같다.
실제로 이들 기업의 차장, 부장급 직원들은 연봉이 1억 원을 훌쩍
넘는 경우가 많다.

반면에 자영업자들의 경우는 현재 심각한 상황에 처해 있고, 문
제는 앞으로도 사정이 더 어려워질 것이라는 전망이다. 이미 동네
상권은 편의점, 대형 마트, 인터넷몰, 홈쇼핑 등 신유통 채널로 인해
초토화되어 버렸고, 설상가상으로 최근 재벌 기업들의 주도하에 일
명 'SSM^{Super Super Market}'이라 불리는 기업형 슈퍼마켓들이 동네 슈퍼
에까지 손을 뻗고 있는 실정이다. SSM은 그나마 어렵게 살아남은
동네 슈퍼들의 존립을 위협하고 이미 크게 잠식한 상태이다.

그러나 대기업들은 어떤가? 대기업은 환율 효과, 비용 절감,
R&D 투자 등을 통해 영업이익을 크게 늘려왔다. 우리나라 경제 전
반적으로 골병이 들고 있지만, 일부 대기업들의 눈부신 성장 덕분에
거시 경제 상황은 그런대로 나쁘지 않은 것으로 전망되고 있다.

그렇다면 이런 안타까운 경제 상황 속에서 개인은 어떤 재테크

(2009년 9월 3일 기준, 단위 : %)

펀드명	연초 이후
대신GIANT 현대차그룹증권상장지수	129.68
삼성KODEX 삼성그룹주증권상장지수	60.45
삼성당신을위한코리아대표그룹1(A)	54.86
한국투자 삼성그룹적립식1(A)	57.35
한국투자 삼성그룹적립식2(A)	57.59
한국투자 삼성그룹1(C)	57.19
한국투자 골드적립식삼성그룹1(C)	56.78
한국투자 삼성그룹증권자1(A)	54.77
동양모아드림 삼성그룹1A	58.95
한국투자 삼성그룹증권자2(주식)	52.52
우리LGGS 플러스1C 1	64.82
미래에셋 5대그룹대표주1 종류A	51.02
한국투자 현대차그룹리딩플러스1(A)	67.86
미래에셋맵스 5대그룹주1 종류A	63.09
한국투자 삼성그룹리딩플러스1(C)	47.34
와이즈히어로-영웅시대1	50.13
우리 SK그룹 우량주플러스1 A1	50.14
주식형 평균(펀드 수 : 717개)	**47.12**

* 출처 : 제로인

그룹주 펀드 수익률 현황

전략으로 대응해야 할까? 결국 대답은 간단하다. 서민일수록 대기업의 밥상에 숟가락을 올려놓아야 한다는 것이다. 예를 들어 당신이 동네 슈퍼 주인이라면 싫든 좋든 신세계(이마트 운영) 주식을 몇 주라도 사 뒀어야 하는 것이다. 유통 채널의 변화 외에도 이 같은 경우는 앞으로도 다양한 분야에서 빈번하게 발생할 것이다.

그러나 서민들이 주식투자에 본격적으로 뛰어들기에는 많은 부담과 위험이 따르는 것이 현실이다. 따라서 재테크 측면에서의 서민들의 대안은 결국 펀드일 수밖에 없다. 특히 펀드 중어서도 재벌 기업들의 주식과 펀드에 더욱 관심을 가질 필요가 있다. 즉 특정 그룹주 펀드나 5대 그룹주 펀드 등 최상위 재벌 계열사에 투자하는 펀드에 주목해야 한다.

재벌의 작태가 미운 것은 미운 것이고, 현실은 직시해야만 한다는 점을 기억하라.

팍팍한 살림살이에
가계 저축률은 급락

최근 우리나라의 가계 저축률은 4.8%에 그치고 있으며, 실제로 교육비와 대출이자 등의 부담으로 흑자 가계는 절반밖이 되지 않는다고 한다.

그런데 총저축률은 여전히 30%를 넘고 있다면 믿을 수 있겠는가? 믿기지 않겠지만 이는 엄연한 사실이다. 총저축률은 국민총처 분가능소득(국민경제가 소비나 저축으로 처분할 수 있는 소득)에서 총저축이 차지하는 비율로, 우리나라의 2006~2008년 총저축률은 30.8%로 나타났다. 일본을 제외한 주요 선진국들의 총저축률이 10%대에 머물고 있는 것을 감안하면 매우 높은 수준임에 분명하다.

우리나라의 가계 저축률은 1980년대 후반 16.9%에서 하락에 하락을 거듭한 끝에 최근 약간 반등하여 4.8%에 이르렀다.

(2008년 말 기준)

그룹	현금성 자산 규모
삼성	11조 8,074억 원
현대자동차	8조 5,197억 원
LG	6조 1,694억 원
금호아시아나	3조 8,713억 원
현대중공업	3조 7,207억 원
포스코	2조 5,282억 원
SK	1조 5,625억 원
롯데	1조 4,735억 원
한진	1조 3,496억 원
GS	8,543억 원

* 출처 : 한국거래소

한국의 10대 그룹 현금성 자산 규모

그렇다면 과연 누가 저축을 많이 하고 있는 것일까? 바로 기업과 정부이다. 통계에 따르면, 기업과 정부는 각각 16%와 10%의 저축률을 기록했다. 결국 가계는 많은 세금을 내고 있다는 말이며, 기업들은 엄청난 영업이익을 거두고 있다는 말이다. 특히 최근 대기업들의 매출액과 영업이익 규모는 놀랍기 그지없는데, 이는 대기업들의 주가 급등에 큰 영향을 끼쳤다.

내가 증권회사에 근무하던 시절, LG화학과 LG전자는 주식 중에서 남들 다 오를 때도 주가에 그다지 변동이 없는 소위 엄청 무거운 주식이었고, 1만 원짜리 주식으로 중저가 수준이었다. 하지만 이들 기업은 몇 년 사이 놀라운 성장을 거듭한 끝에 이제는 20만, 30만 원의 주가를 눈앞에 두고 있다.

앞서 언급한 재벌 밥상에 숟가락을 올려놓아야 하는 이유를 재차 확인할 수 있는 것이다.

04

자신만의 투자심리지표를 개발하라

모든 거래에서 매매를 결정하는 것은 결국 사람이다. 그러나 인간 본성상 심리적인 요소에 크게 좌우되는 것 또한 사실이고, 이는 동서고금의 역사를 통해서도 충분히 검증되었다. 그래서인지 오늘날 일부 금융회사에서는 심리학과 전공자를 몇몇 채용하고 있기도 하다. 실례로 한때 증권계를 뜨겁게 달궜던 유명한 모 투자분석가도 심리학과 출신이었다.

모든 투자에서 사람을 강력하게 움직이는 것은 두 가지 심리로 요약할 수 있다. 바로 '공포'와 '탐욕'이다. 투기 역사는 공포와 탐욕의 산물이었다고 해도 과언이 아닐 것이다. 투자에서 공포는 바닥을 만들고, 탐욕은 상투를 만들게 마련이다. 애널리스트와 펀드매니저도 사람인지라 이런 공포와 탐욕의 심리에서 자유롭지 못한 것이 사실이다.

그렇지만 공포와 탐욕의 심리적인 측면을 잘 들여다보면 어떤 공통적인 특성을 발견할 수 있다. 그것은 바로 흥분이다. 흥분의 강도, 즉 '흥분지수'를 잘 파악하면 지금이 어떤 수준에 와 있는지를 가늠해 볼 수 있다.

흥분지수로 살펴론
상투의 징후

알기 쉽게 예를 하나 들어 보겠다. 부동산시장의 경우, 시장의 흥분도가 최고조에 달할 때 실제 일어나는 흥미로운 현상 중 하나는 '유리창이 깨지는 것'이다. 이는 분양 열기가 너무 뜨거워 수백 명의 청약 인파가 줄을 서 있다가, 이들이 서로 먼저 들어가려 입구의 유리창이나 유리문이 깨지는 사례가 발생하는데 이런 일이 생길 때는 100% 상투 장세였다. 실제로 2007년 송도의 한 오피스텔 분양 현장에서 이런 불상사가 있었고 그때가 부동산시장의 중기 상투였다.

주식시장에서는 이 같은 흥분 심리가 더욱 다양한 모습으로 나타난다. 2007년 10월의 증시 상황을 한번 살펴보자. 당시 코스피지수는 2,000포인트를 넘었고, 이웃 중국의 상해지수는 6,000포인트

를 넘었다. 2007년 1월에 차이나펀드를 가입한 사람의 경우 1년도
채 안 되는 시기 동안 100%의 수익률을 거두었을 정도로 그 열기는
매우 뜨거웠다.

　당시 어떤 일들이 벌어졌는지 살펴보자. 우선 펀드 역사상 길이
기억될 미래에셋운용의 '인사이트펀드'가 출시되었다. 인사이트펀
드는 시장 상황에 따라 투자 지역과 종목을 운용사가 마음대로 선택
할 수 있는 펀드를 말한다.

　이 시기 미래에셋의 인사이트펀드에 가입하겠다고 수많은 투자
자들이 판매 증권회사나 은행에서 긴 줄을 섰고, 대기 번호가 200번

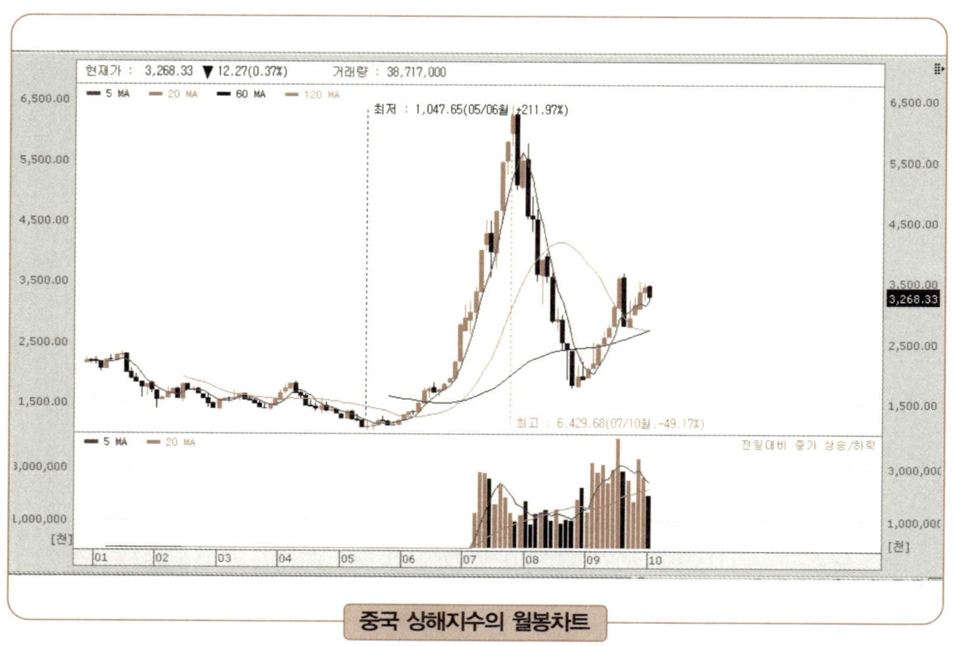

중국 상해지수의 월봉차트

이 넘는 경우도 있었다. 또 각 금융회사 지점들은 자기들도 미래에셋의 인사이트펀드를 판매한다는 광고판을 거리에 세워두기도 했다. 다른 물건도 아니고, '펀드'에 빨리 가입하기 위해 줄을 서는 모습은 좀처럼 보기 드문 광경이었고, 이런 과열된 모습은 다시는 재현되어서도 안 될 것이라는 교훈을 갖게 하는 사건이기도 했다. 결국 당시 4조 원의 엄청난 자금이 10여 일 만에 이 인사이트펀드로 유입되었다.

또 2007년 10월의 펀드 유입 자금의 80%는 한 가지 유형의 펀드로 집중되었으니, 바로 차이나펀드였다. 당시의 차트를 다시 살펴보면 얼마나 정확히 상투를 장식했는지 감탄사가 절로 나올 지경이다 (230페이지 차트 참조).

흥분지수로 살펴본
바닥의 징후

상투 징후뿐만 아니라 바닥의 징후도 흥분 상황을 잘 살펴보면 어렵지 않게 파악할 수 있다. 바닥의 징후는 사람들의 머릿속에 주식이나 펀드에 대한 좋은 기억이 사라지고 나쁜 기억들로 가득 찰 때이다. 이런 시기에 사람들은 주식이나 펀드라는 말만 들어도 욕부터 한다. 이 같은 분위기는 팍스넷이나 다른 증권 정보 사이트에 들어가면 확실히 파악할 수 있다. 시황 게시판, 종목 게시판의 글들에 주식이나 펀드에 대한 욕설, 푸념, 좌절, 분노 등의 말들이 넘쳐나면 이런 경우는 확실히 '바닥'이다.

증시 격언에 "주가는 거래량의 그림자"라는 말이 있다. 많은 사람들이 주가에 관심을 가질 때, 주식 고수들은 거래량에 주목한다. 나의 투자 경험을 통해 비춰봐도 거래량은 매우 중요한 요소임이 분명하다. 특히 지수나 주가가 하락하다가, 즉 어느 정도 하방 경직성을 띠다가 갑자기 거래량이 크게 증가하면, 이는 거의 틀림없이 바닥 탈출의 징후라고 볼 수 있다.

이렇듯 자기 나름대로의 투자심리지표인 흥분지수를 정하고, 이에 따라 투자 시기를 결정해 보라. 확실히 그렇지 않을 때와는 다른 투자 결과를 얻을 수 있을 것이다.

05

소득공제에
목매지 말라

소위 '13월의 보너스'라고 불리는 연말정산은 대부분의 직장인들에게 가뭄의 단비와 같은 존재라 할 만하다. 그러나 일부 직장인들의 경우 연말정산으로 추가 징수라는 날벼락을 맞게 될 수도 있다는 사실을 기억해야 한다. 즉 연말정산을 준비한다는 것이 경우에 따라서는 헛수고가 될 가능성도 있으므로 어떤 경우가 해당되는지 유의 사항은 무엇인지, 미리 연말정산 내용을 잘 알아둘 필요가 있다.

어느 경제 정보 TV 프로그램의 인터뷰에서 국세청 원천세과의 이은항 과장은 "2008년까지는 매년 특정 공제 항목을 선택하여 점검을 실시했지만, 2009년은 소득공제 관리 시스템을 구축하여 전산으로 점검할 수 있는 모든 항목에 대해 점검을 실시하고 있다"고 말한 바 있다.

따라서 연말정산을 위해 어느 한 가지 항목이라도 잘못 신고할 경우, 받은 환급금은 물론이고 가산세 20%까지 더해져 더 많은 돈을 추징당하게 된다는 사실을 기억해야 한다.

무엇보다 소득공제 요건에 해당되지 않으면 영수증 등 관련 자료를 아무리 많이 제출해 봐야 전혀 소용이 없으므로 이를 잘 알아봐야 한다.

2010년부터 신용카드 소득공제 혜택 크게 줄어

우선 신용카드 사용 금액에 대한 소득공제를 살펴보자. 보통 직장인들이 가장 많이 챙기는 것이 바로 신용카드 사용 금액에 대한 소득공제인데, 사실 일정 한도만큼 사용하지 않았다면 영수증을 챙기나 마나이다.

신용카드 공제는 1월 1일부터 12월 31일까지 사용한 금액을 기준으로 산정된다.

문제는 신용카드 공제를 받으려면, 이 기간 최소한 연봉의 25% 이상을 신용카드로 사용해야 한다는 것이다. 즉 연간 총급여액의 25%를 초과하는 신용카드 사용 금액의 20%에 상당하는 금액을 한도로 공제된다. 단, 총급여액의 20% 금액과 300만 원 중 적은 금액을 한도로 공제된다. 예를 들어 연봉이 3,000만 원인 샐러리맨이 연봉의 25%인 750만 원 이상을 신용카드로 사용하지 않았다면 공제 대상이 아니다.

따라서 이런 경우는 신용카드회사에서 보내주는 신용카드 사용 확인서를 제출해 봐야 아무런 소용이 없다.

그렇다면 신용카드 소득공제를 통한 세금 환급금을 한번 계산하 보자.

예를 들어 연간 총급여액이 3,000만 원, 신용카드 사용 금액이 1,200만 원이라고 하자. 그러면 총급여액의 25%(750만 원)를 초과한 신용카드 사용 금액의 20%(90만 원)를 소득공제 받을 수 있다. 결과적으로 사용 금액의 7.5%만 공제될 뿐이다. 그러나 이것이 끝이 아니다. 여기다 세율을 곱해야 한다. 해마다 과표 구간에 대한 세율이 조금씩 변동이 있지만, 이 경우 16%의 세율로 계산한다고 하면 14만 원 정도 공제받게 된다.

신용카드를 1,200만 원이나 썼음에도 불구하고 이 정도밖에 혜택을 받지 못한다니 좀 허무하지 않은가?

게다가 2010년부터는 신용카드 소득공제 한도가 기존 500만 원에서 300만 원으로 하향 책정되었다. 또 신용카드 소득공제 자체를 2012년부터는 없애기르 하였다. 즉 2011년까지만 혜택이 주어진다는 것이다.

보장성 보험의 공제 한도 역시 연간 100만 원이므로, 만약 자동차 보험 하나만으로 100만 원이 넘는다면 생명보험 등 다른 보장성 보험 영수증을 챙겨봐야 공제가 되지 않는다.

또 지정기부금의 최고 한도는 연봉에서 근로소득공제를 뺀 금액의 15%(2010년부터는 20%, 종교 단체는 10% 유지)이므로 이를 초과한 영수증은 제출해도 공제가 되지 않는다. 초과한 기부금 영수증은 제출하더라도 추가 공제가 되지 않으므로 괜한 수고를 할 필요가 없는 셈이다. 단, 근로자의 연간 총급여액이 905만 원(4인 가족 기준 1,562만 원)이 되지 않는다면, 따로 소득공제 영수증을 제출하지 않아도 이미 떼인 세금 전액을 돌려받을 수 있다.

연말정산, '되'로 받으려다 '말'로 준다

한편 연말정산으로 소득공제를 받기는커녕 되로 받고 말로 주는 경우가 생길 수 있는데, 다음의 두 가지 사례를 통해 이 같은 상황을 살펴보도록 하자.

무엇보다 신용카드 소득공제를 위해 필요 없는 지출은 결코 해서는 안 될 것이다. 백화점 세일 기간에 보면 10만 원 이상 구매 시 사은품을 주는 경우가 많은데, 많은 사람들이 사은품을 받기 위해 무리해서라도 그 금액을 넘겨서 구매하여 기어코 사은품을 받아가

곤 한다. 그러나 이는 옳지 못한 행동이다. 세금 몇 푼 더 돌려받―고 카드를 열심히 긁어 대다가는 허리가 휠 정도로 가계 운영에 부담이 될 수 있다는 사실을 기억해야 한다.

또한 대표적인 소득공제용 금융상품인 장기주택마련저축과 연금저축 가입을 통해 소득공제를 받으려다 중도 해지함으로써 비과세는 물론 소득공제 받은 것까지 토해 내는 일이 없어야 할 것이다. 자신의 자금 계획, 특히 큰 목돈이 들어가는 결혼이나 내 집 마련 등의 일이 눈앞에 있을 경우, 이런 장기 상품에 가입하는 것은 적절하지 못하다. 이 같은 상품은 7년, 10년이라는 초장기 기간 동안 불입해야 하는 것에 대한 보상으로 세금 혜택과 소득공제 혜택을 주기 때문이다.

장기주택마련저축의 경우, 소득공제를 받은 사람이 1년 이내에 해약하면 가입 금액의 8%를, 5년 안에 해약할 경우에는 4%를 추징당한다. 게다가 지금까지 면제받은 이자(배당)소득세도 함께 추징된다.

연금저축은 중도 해지할 경우 기타소득세 22%를 원천징수하며, 5년 이내에 해지할 경우에는 총 납입 금액의 2.2%의 해지가산세도 내야 한다. 또한 10년이 되기 전까지는 납입 금액과 일시 수령액과의 차이만큼을 이자소득으로 하여 이자소득세가 과세된다. 한편 55세 이후 연금 형태가 아닌 일시금으로 수령할 경우에는 기타 소득으로 처리되어 기타소득세(해약환급금의 22%)를 부과하게 된다. 따라서 실제

받게 되는 금액은 해약환급금의 22%에 해당하는 기타소득세를 뺀 금액이 된다.

소득공제를 받을 수 있는 금융상품과 카드는 잘 사용하면 돈 버는 훌륭한 재테크 수단이 될 수 있지만, 위의 사례에서처럼 자칫하면 되로 받고 말로 주는 어리석은 결과가 발생할 수도 있다.

강조하건대 연말정산으로 받게 되는 돈은 하늘에서 뚝 떨어진 공돈이 아니라, 세금으로 나간 내 돈을 다시 돌려받는 것임을 명심해야 한다.

06

절약을 이기는
투자 전략은 없다

재테크 방법을 크게 세 가지로 나누어보자면 절약, 저축, 투자로 생각해 볼 수 있다. 그렇다면 여기서 가장 중요하면서도 실천하기 어려운 방법은 무엇일까? 투자라고 생각하는 사람들이 많겠지만, 사실 '절약'이 가장 어렵다. 절약 없이 저축도 투자도 가능할 리 없기 때문이다.

내가 아는 한 샐러리맨 중에 억대 연봉을 받는 정말 잘나가는 사람이 있다. 그의 아내 역시 억대 연봉자이기에, 이들 부부는 경제적으로 주위의 많은 부러움을 샀다. 하지만 이들은 수입에 비해 여전히 이렇다 할 자산을 모으지 못했다. 많이 벌지만 그만큼 많이 쓰기 때문이다.

반면에, 또 한 명의 지인은 앞의 샐러리맨보다 수입이 적지만 비교적 고액 연봉을 받고 있는 직장인으로, 그는 지독한 짠돌이로 유명하다. 그는 결혼하기 전에는 매월 20만 원으로 생활할 정도로 검소함이 몸에 밴 절약가였다. 서울에 직장을 두고 있는 그는 지방 출신이라 자취를 했음에도 불구하고 나름의 절약 수칙을 실천하면서 20만 원이라는 적은 생활비로 살았다. 그는 먼저 점심을 절대로 사 먹지 않았고, 늘 도시락을 싸 가지고 다녔다. 그리고 최소한의 필요한 물건만 구입을 했고, 쌀이나 여러 밑반찬은 고향 집에서 조달해서 해결했다.

모든 생활에서 검소함을 실천한 끝에 그는 결국 매년 2,000만 원 이상의 저축을 할 수 있었고, 또한 고금리 예금, 적금에 가입하여 결혼 전에 2억 원이 넘는 큰 목돈을 마련할 수 있었다.

절약이 그토록 어려운 이유는 아마 인간 본성을 거스르는 일이기 때문일 것이다. 먹고 싶은 게 있으면 기어코 먹고야 마는 것이 인간이다. 그러나 하고 싶은 대로 다 하고 산다면 어찌 돈을 모을 수 있겠는가? 결국 참는 것밖에 도리가 없다. 자신의 자금 계획을 위해 입고 싶은 것, 먹고 싶은 것, 사고 싶은 것 등을 참을 수 있어야 한다. 물론 참는 것이 어렵겠지만, 그래도 절약을 위한 묘수는 있기 마련이다.

평소 절약을 위해 다음과 같은 방법을 실천해 볼 것을 권한다.

재테크의 시작은
가계부 쓰기부터

무엇보다 가계부 쓰기부터 시작하라. 가계부도 쓰지 않으면서 재테크를 계획한다거나, 살림살이를 한다는 것은 어불성설이다. 그러나 여전히 많은 가정에서 가계부를 쓰지 않고 있다. 귀찮아서일 수도 있고, 가계부를 쓰나 안 쓰나 가계 형편이 빤하고 달라질 것이 없다고 생각하기 때문일 것이다. 하지만 실제로 가계부를 써보는 것만으로도 분명히 절약 효과가 있다.

종이 가계부를 직접 작성하는 것이 번거롭다면 인터넷 가계부도 권할 만하다. 요즘에는 인터넷에서 가계부 프로그램을 무료로 다운로드 받을 수도 있는데, 가계부를 처음 써보는 사람들에게 가계부 쓰는 재미를 느끼게 해주는 특색 있는 프로그램들이 많다. 예를 들면 모네타, 네이버 등의 무료 인터넷 가계부를 권할 만하다.

지름신 막는 데는
체크카드만한 게 없다

신용카드의 가장 큰 특징은 일종의 '외상' 거래라는 점이다. 외상이면 소도 잡아먹는다는 옛말에서도 알 수 있듯이 외상은 과소비, 충동구매를 자극하는 경향이 강하다. 따라서 신용카드 사용을 줄이고 대신에 체크카드를 사용할 것을 권한다. 기본적으로 체크카드는 현금 거래이므로 본인의 경제 수준에 맞는 규모 있는 소비 활동을 하는 데 도움이 된다.

세금 줄여주는
절세 상품 이용하자

절세 상품이 점점 더 줄고는 있으나, 생계형 비과세 상품과 신협, 새마을금고의 정기예탁금은 여전히 이용하는 데 문제가 없다. 즉 만 60세 이상 고령자나 장애인 등은 예금, 적금 등 금융상품에 가입할 때 생계형 저축으로 등록하면 1인당 3,000만 원까지 비과세가 적용된다. 또한 신협, 새마을금고, 농협 및 수협 지역 조합의 정기예탁금은 1인당 3,000만 원까지는 이자소득세를 내지 않고 농어촌특별세 1.4%만 내면 된다. 일반 세율 15.4%보다 낮은 9.5%의 세금우대 저축상품도 놓치지 말고 가입하는 것이 유리하다.

펀드 수수료
우습게 생각하지 말라

금융상품을 가입하는 데 있어서 각종 금융 수수료를 결코 무시해서는 안 된다. 특히 펀드의 경우 상품 유형에 따라 수익률보다 수수료가 더 높은, 한마디로 배보다 배꼽이 더 큰 상황이 발생할 수 있으므로 수수료(보수 포함)에 더욱 신경을 써야 한다. 평균적으로 인덱스펀드는 연 1.5%, 액티브펀드는 연 2.5%나 수수료를 내야 한다.

그리고 같은 유형의 펀드상품이라도 증권회사마다 수수료가 다르기 때문에 주의 깊게 따져볼 필요가 있다.

펀드상품의 수수료를 줄일 수 있는 확실한 방법으로는 온라인 전용 펀드를 이용하는 방법이 있고, ETF(상장지수펀드)를 이용하는 방법도 있다. 특히 ETF는 펀드상품 중에서 수수료가 연 0.5% 안팎에 불과한 상대적으로 수수료가 저렴한 상품이므로 관심을 가져볼 만하다.

과다한 보험료 지출 줄여야

절약을 하기 위해 빼놓을 수 없는 부분은 다름 아닌 보험이다. 보험이야말로 가계의 최대 복병이며, 절약과 재테크의 걸림돌이 될 수 있다. 실제로 우리나라 가계 지출의 15%는 보험에서 발생하고 있다. 나의 경험으로 판단하건대, 적정 보험료의 지출은 월수입의 5%면 충분하다. 다시 말해 10% 정도의 보험료가 과다 지출되고 있는 것이다. 특히 우리나라 가정의 경우 자녀들의 학원비 등 교육비 지출이 많아 형편이 그다지 여유롭지 못하기 때문에 이런저런 보험을 가입해 보험료를 과다하게 지출하는 것은 결코 현명한 방법이 아니다.

따라서 소득 대비 보험료가 과다 지출되고 있다고 판단된다면 보험 재설계를 통해 적절하게 정리해야 할 것이다.

대다수 사람들이 재테크에 있어서 착각하고 있는 것이 바로 월급이 많아야, 많이 저축할 수 있다는 것이다. 하지만 꼭 그렇지만은 않다. 앞서 예에서도 언급한 바 있지만, 실제로 연봉이 억대 이상인 사람들의 경우 큰돈을 버는 만큼 씀씀이도 크고 헤퍼서 의외로 많은 돈을 저축하지 못하는 경우가 더 많다. 오히려 수입이 많지 않은 사람들이 적게 버는 대로 더 아끼고 저축해서 종자돈을 빨리 모으고, 그 돈을 잘 굴려서 자산을 불려 나가는 경우가 많다.

독자 여러분은 월수입의 몇 %나 저축을 하고 있는가? 그동안 내가 만나본 수많은 부자들의 조언을 빌리자면, 재테크에 성공해 자신이 목적한 자산 이상을 모으려면 대개 수입의 40% 이상을 저축하라고 권한다. 그리고 미혼 때부터 최소한 수입의 50% 이상을 저축하면 이후 재테크에 성공할 확률이 더 높다고 한다. 그러나 말이 40%, 50%이지 이만큼의 돈을 저축한다는 것이 여간 어려운 일이 아닐 것이다.

하지만 재차 강조하지만 성공적인 재테크를 하기 위해서는 남다른 노력이 필요하다. 남들처럼 먹고 싶은 거 다 먹고, 사고 싶은 거 다 사면서 언제 돈을 모으겠는가?

직업상 많은 사람들이 내게 재테크의 왕도가 무엇이냐고 자주 묻곤 한다. 솔직히 재테크에 왕도가 있겠느냐만, 굳이 꼽자면 많은 전문가들도 말하고 있는 것처럼 역시 절약과 저축이라고 답할 수 있을 것이다. 절약과 저축으로 종자돈을 만들고, 이 종자돈을 잘 굴려서 자산을 불려 나가는 것이다.

절약과 저축은 전혀 새로울 것 없는 이야기이지만, 이를 실천하지 못하면 재테크에 성공할 수 없다는 것만큼은 분명하다. 무엇인가를 이루기 위해 너무 늦은 때라는 것은 없다. 이제부터라도 자신의 라이프 사이클을 염두에 두고 목적한 바에 따라 새로운 각오로 재테크에 임해 보자. 절약과 저축을 통해 하루라도 빨리 종자돈을 만들고, 이를 투자하여 미래에 보다 윤택한 중년과 노후를 맞이할 수 있도록 준비하자.

07

정보력이
곧 돈이다

수없이 쏟아지는 재테크 정보 속에서 제대로 된 정보를 찾아내기란 결코 쉬운 일이 아니다. 게다가 전문가가 아닌 일반 개인들이라면 더욱더 그러할 것이다.

실제로 검증되지 않은 전문가들의 저급한 재테크 정보가 많게는 수백만 원에 팔려 나가고 있는 경우도 많다. 그러나 잘 찾아보면 숨어 있는 똑똑한 재테크 정보는 무료로 곳곳에 널려 있고, 유료 정보의 경우 저렴하게 이용할 수 있는 곳도 많다. 어떤 증권 사이트의 경우는 1,000원, 2,000원짜리 종목 진단 리포트나 종목 진단 ARS 등 비교적 저렴하게 정보를 이용할 수 있다.

이 같은 유료 정보, 특히 고액 유료 정보의 경우는 많은 주의를 기울여야만 한다. 연회비가 무려 400만 원에 이르는 초고가 멤버십도 운영되고 있을 정도이니 말이다. 내가 아는 어떤 사람의 경우는 투자 자산이 2,000만 원인데 재테크 정보를 얻기 위해 400만 원의 연회비를 내고 있다. 이는 그 정보처가 아무리 유용하다고 하더라도 과하다고 밖에 말할 수 없다.

알토란같은 정보
멀리서 찾지 말자

재테크에 도움이 되는 정보는 구독료 월 2만 원에도 미치지 않는 신문에서도 얼마든지 찾아볼 수 있다. 게다가 신문에 수록된 정보는 대부분 인터넷으로도 볼 수 있기 때문에 실제로는 비용이 들지 않는다.

그리고 실례로 연구소 삼성경제연구소, LG경제연구원 등)나 증권회사 리서치센터에서 무료로 제공하는 리포트를 토대로 시장을 전망하고 종목을 압축한 일부 사람들의 경우 삼성SDI, LG전자, 현대모비스 등 2009년 증시를 뜨겁게 달궜던 선도 대형주를 장기 보유하여 300% 이상의 놀라운 수익률을 달성하기도 했다.

나의 경우는 증권 정보 사이트인 '팍스넷http://paxnet.moneta.co.kr'의 무료 자료를 많이 이용하곤 하는데, 각 종목마다 뉴스, 공시는 물론이고 증권회사 리포트, FN 가이드 등의 알토란같은 정보들을 한곳에서 볼 수 있어 매우 편리하다. 무엇보다 내게 도움이 되는 정보는 종목 게시판에 올라오는 개미투자자들의 글이다. 종종 게시판에 욕설과 비방 등 저급한 글들이 올라오기도 하지만, 그래도 그 가운데 건질 만한 원석과 같은 정보들도 많이 있다. 또한 이런 게시판의 분위기를 주의 깊게 살펴보면서 수급 분석을 한 후 매매에 임하면 성공할 확률이 높다.

부자 되는 이야기로 가득한
재테크 강연회에 참여해 보자

내가 삼성투신운용과 모네타 공동 강연회에서 강연을 했던 사례를 소개해 볼까 한다. 그 강연회에서 나는 1부 '재테크 개론'을 담당했고, 2부는 삼성투신에서 ETF를 담당하고 있는 이교석 팀장이 'ETF'에 대해 강의했다. 1부 강연을 끝낸 뒤, 나는 청중의 입장에서 자리에 앉아 이 팀장의 강의를 들었다. 그는 ETF에 관한 이야기뿐만 아니라, 자신의 23년 투자 경험을 재미있게 풀어가면서 향후 증시 전망을 시원시원하게 제시했다. 나는 당시 그 강의를 통해 많은 투자 아이디어를 얻었고, 투자에 대한 나의 생각에 확신을 갖게 되었다. 나뿐만 아니라 그 자리에 참석한 많은 사람들도 분명히 이 팀장의 생생한 재테크 정보가 많은 도움이 되었을 것이라고 확신한다.

정보 이용 측면에서 그 강연회의 가치를 따져보면 아무리 낮게 잡아도 10만 원 이상의 가치가 있는 강연이었다. 그런데 그 강연회의 참가비는 공짜였고, 착석자들을 위해 영화 관람권과 경품 등도 준비되어 있었다. 하지만 애석하게도 당시 참석자는 300명에도 미치지 못했다. 신청자는 1,000여 명에 달했지만, 공짜 강연이라 큰 기대를 하지 않았던 것이다.

물론 모든 강연회가 유용하다고 말할 수는 없지만, 직접 자신이 발품을 팔아 강연회나 세미나 등의 자리에 참석해서 다양한 정보를 접하고 옥석을 가릴 수 있는 능력을 키우는 것도 중요하다.

투자 전문가들의 말을 맹신하지 말라

과연 고액 재테크 정보는 얼마나 믿을 만하고 유용할까? 스위 고액 과외비를 내고 테마주에 단기 투자했던 투자자들의 성적은 어떨까? 안타깝게도 대부분의 사람들이 원금조차 지키지 못한 사례가 부지기수이다. 결과적으로 아까운 돈을 사이버 애널리스트들과 증권회사에 갖다 바치고 있는 셈이다.

그럼에도 많은 사람들이 고급 정보라 불리는 고액 재테크 정보에 현혹되어 소중한 자신의 돈을 허비하고 결국 손실을 보는 일을 반복하고 있다.

'브라운스톤'이라는 필명으로 경제지나 신문 등에서 칼럼을 기고하고 있으며 재테크의 고수로도 알려져 있는 이 유명한 주식 투자가가 집필한 《내 안의 부자를 깨워라》라는 책을 살펴보면 이 같은 현상에 대해 매우 설득력 있는 해석을 제시하고 있다. 실제로 그는 재테크 이론과 실전에 능했는데, 무일푼에서 45억 원까지 불렸다가 모두 다 잃고 다시 시작해 35억 원을 만들고 은퇴했다. 특히 그는 이 책에서 인간 본성에 관한 고찰을 통해 사람들의 전문가에 대한 맹신을 다음과 같이 설명하고 있다.

인간은 알기보다는 믿는 걸 좋아한다. 수요가 있는 곳엔 항상 공급이 있다. 불확실한 주식시장, 부동산시장, 재테크시장에 도사들이 나타난다. 사람들은 자칭 차트 도사나 미래를 알려 준다는 전문가를 믿고 투자한다. 그러나 결과는 나쁘다. 전문가들도 알고 보면 세일즈맨이기 때문이다. 신문 방송에 나오는 전문가들은 진짜 고수高手가 아니라, 북을 치며 물건을 선전하는 고수鼓手이다. 그들은 부자도 아니고 돈 버는 방법도 모른다. 돈을 번 사람은 신문이나 방송에 나오려 하지 않는다. 돈 많이 버는 것이 세상에 알려져 봐야 귀찮은 일만 생기기 때문이다. 돈 버는 방법은 도사보다 부자들에게 물어봐라.

재테크 전문가들은 과연 부자일까

금융 및 재테크 전문가들은 어떤 사람들일까? 정확한 통계는 나와 있지 않지만, 내가 파악하고 있는 바로는 이들 전문가들에 대해 일반 대중들이 조심해야 할 부분이 확실히 있다.

우선 재테크 전문가들은 과연 부자일까? 부자의 기준이 무엇인지에 따라 달라질 수 있겠지만, 흔히 사전적 의미의 "재물이 많아 살림이 넉넉한 사람"이라거나, 또는 돈에서 자유로운 사람의 부류에 드는 사람을 진정한 부자라고 한다면 이들 전문가들 중에 부자는 극히 드물다고 할 수 있다. 물론 한때 나의 상사였던 한 분처럼 재테크 전문가로서 명실상부한 부자들도 더러 있다. 실제로 그는 부동산, 주식, 채권 투자 등 여러 방면에 두루두루 능했다.

재테크 전문가들은 대개 은행, 보험회사, 증권회사, GA 등에 소속되어 있는 직장인들로 중산층인 경우가 많다. 대부분 안정적인 직장과 높은 연봉을 받는 사람들이며, 이외에도 강연 능력과 저술 활동에도 능한 사람들이 많다. 진정한 부자라면 굳이 힘들게 강연을 하거나 책을 집필할 이유가 없을 것이다. 물론 재테크 전문가들 중에는 일반 개인들의 바람직한 자산 관리를 위해 순수한 마음으로 재테크 지식과 노하우를 전달하려는 사람들도 있지만, 이런 훌륭한 의식까지 갖춘 전문가들은 일부에 불과하다.

문제는 이들 전문가들이 자신의 소속 회사의 이익과 배치되는 이야기를 거론하기가 어렵다는 것이다. 예를 들어 보험회사 직원인 전문가가 보험 가입을 말릴 가능성은 없다. 대부분의 전문가들 역시 조직의 일원이기에 영업의 부담에서 자유로울 수 없기 때문이다. 따라서 은연중에 자신의 조직을 위해 영업을 하게 마련이다. 한마디로 그들은 세일즈맨일 수밖에 없다.

최근에 나는 모 투신운용의 임원이 강연을 하는 자리에 참석한 적이 있는데, 강의 내내 재미있는 투자 이야기를 하다가 끝날 즈음 "이제 '약' 좀 팔아도 되겠느냐"고 갑자기 말을 바꾸는 것이 아닌가? 임원의 그 말에 장내에서 한바탕 웃음이 터져 나왔다. 모두들 솔직한 그의 어법에 신선한 느낌을 받았던 것이다.

금융회사도 다른 보통 회사와 마찬가지로 영업을 통해 이익을 추구하기 때문에 이들 재테크 전문가들은 아무래도 영업의 달인, 영업의 귀재일 수밖에 없다. 승진과 연봉 협상은 그런 결과물을 두고 판단할 수밖에 없지 않은가? 결국 이들 전문가들이 열심히 출간을 하거나 기고를 하고, 방송 출연이나 강연을 하는 이유는 영업의 연장선상에 있는 것이라고 할 수 있다.

실제로 금융 및 재테크 전문가들이나 관련 분야 저자들의 경력과 현직을 확인해 보라. 확실히 이해가 될 것이다.

특히 요즘에는 독립 보험 대리점인 GA 관계자들의 저서가 눈에 띄게 많아졌다. 우리나라에서 박사라는 타이틀이 상당히 인정받고 있는 것처럼, 이들 전문가들에게 저자라는 타이틀 또한 박사에 버금가는 가치를 지니고 있는 듯하다. 전문가들이 자신의 저서가 있고 없고의 여부에 따라 한마디로 자기 몸값, 더 나아가 자신의 영향력이 달라질 수 있는 것이 현실이기 때문이다.

전문가들 중에 베스트셀러 저자라는 타이틀을 가진 사람들은 그에 대한 인세는 물론이고 강연, 기고 수입까지 얻게 되는 부수 효과를 누리기도 한다. 사실 재테크에 대한 관심은 높아졌으나, 오히려 관련 책들은 예전보다 더 잘 팔리지 않는 것이 현실이다. 다시 말해 대부분의 전문가들은 인세 수입어만 의존할 수 없다. 하지만 그렇다고 해서 이들이 손해 볼 일은 없다. 책을 출간하는 일은 리스크가 전혀 없는 일이라는 말이다. 물론 한 권의 책을 쓰기 위해서는 수많은 책을 읽고 자료를 수집하는 등 각고의 노력과 시간을 투자해야 하는 일이라는 것은 두말할 필요도 없지만 말이다.

실례로 주식 전문가로 유명한 어느 전문가의 경우 주식투자로 많은 돈을 잃었지만, 그 잃은 돈을 만회한 것은 다름 아닌 인세와 강연료였다고 한다.

한편 재야의 고수로 유명한 어느 전문가의 경우 진짜 주식투자로 큰 부자가 되었는지는 알 길이 없다. 이들 전문가들이 상장기업의 주요 주주로 이름을 올리거나 자신의 계좌나 재산 목록을 공개하지 않는 이상 실제 부자인지 아닌지는 알 수가 없다.

여기서 말하고자 하는 바는, 재테크 전문가들을 맹신하지 말라는 것이다. 금융 분야나 재테크에 관심을 열어두고 많은 정보들과 강연 등도 접해 보고, 이에 대해 분석하는 태도를 기르고 지속적으로 훈련하면 재테크에 성공할 확률은 높다고 본다.

팔방미인 금융상품은 없다

많은 투자 전문가들이 재테크의 3원칙으로 안정성, 수익성, 환금성을 꼽는다. 이 같은 투자 원칙을 중심으로 자신의 상황과 라이프 사이클에 맞춰 자산을 설계하는 것이다.

하지만 이 3가지 원칙을 모두 충족시키면서 재무 설계를 하는 것은 여간 어려운 일이 아니다. 동시에 두 가지 이득을 충족시키는 것도 어려운데, 안정성에 수익성에 환금성까지 모두 고려한다는 것은 사실상 불가능한 일이다. 따라서 적어도 3가지 요소 중에 하나 정도는 양보해야 한다.

즉 자신이 보수적인 성향이라면 안정성에 초점을 맞추고 수익성과 환금성을 보완하는 식으로 투자 계획을 세우고, 자신이 공격적인 성향이라면 수익성에 중점을 두고 안정성과 환금성을 보완하는 식으로 투자 계획을 세우는 것이다.

그런데 어느 재무설계사가 위 3가지 원칙을 완벽하게 구현하는 금융상품이 있다며 이를 권하는 것을 들은 적이 있다. 그 상품은 바로 '변액유니버설보험'이었다. 그러나 과연 이 상품이 그렇게 완벽한 상품일까?

수익성은 어떤가? 비교 가능한 펀드상품에 비해 떼는 비용도 많고, 수익률도 높지 않다. 그럼 안정성은 어떤가? 채권형은 비교적 안전하겠지만 주식형은 그렇지 못하다. 결국 펀드에 투자하는 보험이기에 증시 상황에 따라 손실이 날 수 있다. 그렇다면 환금성은 어떤가? 보험료의 일시적인 납입 중단, 추가 납입, 중도 인출 등 비교적 자유로운 입출금 기능을 갖추었기 때문에 그나마 이 점이 가장 괜찮다고 볼 수 있겠으나, 해약환급금의 절반만 인출이 가능하고 횟수도 제한되어 있으며, 인출 수수료도 있으니 후한 점수를 주기에는 무리가 있다.

강조하건대 이 3가지 원칙을 모두 충족하는, 소위 원스톱 종합금융 서비스 제공이 가능한 팔방미인 금융상품은 없다는 것이다. 앞서 말했듯이 자신의 자금 계획과 투자 성향 등을 감안하여 자신에게 맞는 상품을 골라야 한다.

네 잎 클로버의 꽃말이 '행운'인 것은 누구나 잘 알고 있는 사실일 테고, 그럼 세 잎 클로버의 꽃말이 무엇인지 알고 있는가? 바로 '행복'이다. 그런데 사람들은 행복의 상징인 세 잎 클로버는 하찮게 여기고, 행운의 상징인 네 잎 클로버를 찾기 위해 애쓰는 경향이 있다. 많은 사람들이 행복을 위한 작은 전진을 하찮게 여기는 반면, 로또와 같은 대박의 행운을 추구한다.

재테크에 있어서도 이 같은 세 잎 클로버가 주는 진실을 되새겨 볼 필요가 있다. 얼토당토않은 큰 부자에 대한 욕심을 버리고, 자신의 현실에 맞는 투자 계획과 절약 습관, 저축 등을 실천하면서 작은 행복한 부자를 꿈꾸는 것이 진정한 재테크의 길이 아닌가 한다.